Herbert Walker

Schnelle Vollwertküche mit Pfiff

pala verlag

ISBN: 3-89566-124-4

Lektorat: Wolfgang Hertling / Bettina Snowdon
Umschlaggestaltung und Illustrationen: Margret Schneevoigt
Druck: Fuldaer Verlagsanstalt

Inhaltsverzeichnis

Liebe Freundinnen und Freunde derVollwertküche, liebe Leserinnen und Leser,

Vollwerternährung wäre ja ganz gut,

- wenn das Kochen nicht so aufwendig wäre,
- wenn man nicht so viel Zeit dafür benötigen würde.

Dieses und ähnliches habe ich in meinen Kochkursen immer wieder gehört.
Stimmt das wirklich, oder ist es nur ein Vorurteil?
Ist die Vollwertküche nur etwas für Hausfrauen und -männer, die den ganzen Tag Zeit haben, um zu kochen?
Müssen Berufstätige auf diese gesunde Ernährung verzichten?
Wenn man manche Kochbücher liest, scheint das auch wirklich zu stimmen, denn z. B. Getreidekörner einige Stunden einweichen, dann 1 – 1 ½ Stunden kochen und noch 1 – 2 Stunden quellen lassen, das ist schon ein tagesfüllendes Programm.
Doch es geht auch anders. Vollwertig kochen kostet natürlich mehr Zeit und bedeutet mehr Aufwand, als nur ein Tiefkühlprodukt in die Mikrowelle zu schieben, aber man benötigt viel weniger Zeit, als viele glauben. Dies möchte ich Ihnen auf den folgenden Seiten beweisen.
Viel Spaß beim Kochen und viel Genuß beim Essen
Ihr

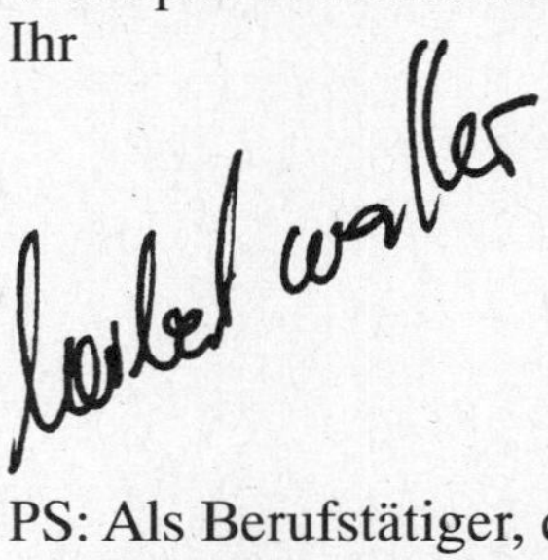

PS: Als Berufstätiger, der für sich und seine Frau kocht, praktiziere ich selbst seit vielen Jahren Vollwerternährung.

Hinweise

Ich habe mir lange überlegt, ob ich in diesem Buch die Rezepte wie üblich für vier Personen konzipieren soll, oder vielleicht nur für zwei oder nur eine Person, da es immer mehr Singles und Kleinfamilien gibt.
Ich habe mich für **Mengenangaben für vier Personen** entschieden, da es sich auch bei einem kleineren Haushalt lohnt, eine größere Menge zu kochen und den Rest entweder zum Einfrieren, zum Weiterverarbeiten am nächsten Tag oder auch zum nochmaligen Aufwärmen zu verwenden. Ich bin mir zwar darüber im klaren, daß diese Vorgehensweise nicht immer der reinen Vollwert-Lehre entspricht, aber sie ist praktisch, spart Zeit und ist im Ergebnis immer noch gesünder und vollwertiger als irgendwelche Gerichte aus Weißmehl, Zucker oder ähnlichem.

In den Rezepten bringe ich manchmal den Hinweis »**in den vorgeheizten Ofen geben**«. Dies ist zwar nicht unbedingt energiesparend, aber es beschleunigt die Fertigstellung. Es ist fast immer auch möglich, die Gerichte in den noch kalten Ofen zu stellen, nur bei Windbeuteln und Brot oder Brötchen muß der Ofen heiß sein. Entscheiden Sie also selbst von Fall zu Fall, was Ihnen wichtiger ist, Energie zu sparen oder schneller mit dem Kochen fertig zu sein.

Aus Platzgründen verzichte ich darauf, in jedem Gericht darauf hinzuweisen, daß **Gemüse und Obst vor dem Kochen gewaschen und geputzt oder geschält werden müssen.** Dies ist doch selbstverständlich.

Bei Gewürzen gebe ich in der Regel keine Mengenangabe, da jeder seinem eigenen Geschmack folgen sollte. Ich selbst habe immer gewisse Probleme, wenn ich z. B. irgendwo lese »eine Messerspitze«. Ich zumindest kann mir darunter nichts vorstellen.

Wenn es bei der Zubereitung schnell gehen soll, muß man sich vorher Gedanken machen und sich die richtige Reihenfolge der Arbeiten erledigen. Dies habe ich so weit wie möglich im Text auch berücksichtigt. Hin und wieder muß man auch am Vortag bzw. am Morgen schon etwas vorbereiten, z. B. bei Körnergerichten oder Hülsenfrüchten.

Grundrezept für Getreide und Hülsenfrüchte

Getreidekörner oder Hülsenfrüchte	mit gut der
doppelten Menge Wasser (oder Gemüsebrühe)	aufkochen, 5 – 10 Minuten kochen lassen, dann Elektroplatte ausschalten und die Körner auf der warmen Herdplatte zugedeckt einige Stunden quellen lassen. Normalerweise ist das Wasser dann ganz aufgesogen und die Körner sind weich, so daß sie für die verschiedenen Gerichte weiter verwendet werden können. Ist dies nicht der Fall, müssen die Körner noch einige Minuten weichgekocht werden. Falls notwendig, muß man noch Wasser zugeben. Dann können auch noch Gewürze zugegeben werden.

Wenn Sie mit einem Gasherd kochen, können Sie durch Verwendung einer Kochkiste nahezu den gleichen Effekt erzielen.

Zeichenerklärung

Rezepte, die mit diesem Symbol gekennzeichnet sind, sind **tierisch eiweißfrei** und somit besonders geeignet für alle, die sich ohne tierisches Eiweiß ernähren wollen oder müssen.

Ist ein Rezept mit diesem Symbol gekennzeichnet, bedeutet dies, daß z. B. durch Ersatz von Butter durch Öl oder Reformmargarine, durch eifreie Teigwaren o. ä. das Gericht ohne weiteres tierisch eiweißfrei zubereitet werden kann.

Salate

Natürlich sollte ein Vollwertkochbuch mit Rohkostgerichten beginnen, deshalb fange ich also mit Salaten an. Obwohl nach der Lehre der Vollwerternährung mindestens ein Drittel der Nahrung aus Rohkost bestehen sollte, und natürlich stimme ich dem zu, möchte ich im folgenden nur wenige Salatrezepte aufführen. Denn in meinen Kursen habe ich festgestellt, daß Salate in der Küche keine Probleme machen, hier kann man auch aus anderen Quellen schöpfen. Deshalb konzentriere ich mich in diesem Buch in erster Linie auf das Kochen oder das Backen.

Champignon-Möhrensalat

300 g Champignons	putzen und in feine Scheiben schneiden,
200 g Möhren	in dünne Scheiben hobeln,
100 g Lauch	in schmale Streifen schneiden.
1 kleine Zwiebel	fein würfeln, mit
3 EL Essig,	
3 EL Wasser, Kräutersalz,	
Curry, Ingwer, Paprika	und
6 EL Öl	verrühren und über das Gemüse geben, gut vermischen und etwas durchziehen lassen. Mit
Schnittlauch	bestreuen und servieren.

TIP: Sie können statt dem Öl und Wasser auch einige Eßlöffel saure Sahne in die Marinade geben.

Eigentlich sind Salate nicht unbedingt typisch für die indische Küche, doch es gibt auch dort immer wieder interessante Gerichte, wie das folgende indische Rezept, der

Gurkensalat mit Erdnüssen

750 g Gurken	mittelgrob raspeln, beiseite stellen, Flüssigkeit vor der Weiterverarbeitung abgießen.
1 – 2 rote Chilischoten oder Peperoni	in feine Streifen schneiden, zu den Gurken geben.
50 g geröstete Erdnüsse	fein mahlen, mit
fein gehackter Minze, Koriander, 1 TL Honig, Saft 1 kleinen Zitrone	gut vermischen.
2 EL Butter oder Öl	erhitzen,
Senfsamen, Kreuzkümmel, Kurkuma	dazugeben, dann die Erdnußmasse in der Butter kurz mitbraten und über die Gurken gießen. Sofort servieren.

Der folgende Salat schmeckt mir warm am besten. An einem warmen Sommerabend auf der Terrasse sitzend, ist er für mich eine angenehme Abwechslung zu den üblichen Sommersalaten. Doch auch kalt ist er ein Genuß.

Reis-Lauch-Salat

300 g Reis	nach Grundrezept vorbereiten,
1 EL Gemüsebrühe	zugeben und im restlichen Einweich-Wasser (gegebenenfalls 3 – 4 EL Wasser zugeben) in einigen Minuten weichkochen. In der Zwischenzeit
1 Stange Lauch	in feine Streifen schneiden, unter den fertigen Reis mischen. Marinade aus
3 EL Apfelessig, 3 EL Wasser, 6 EL Sonnenblumenöl, Kräutersalz, Pfeffer, Paprika	und
Curry	mischen, über den Reis gießen und mit
Petersilie oder Schnittlauch	garniert servieren.

TIP: Eine kleine geraspelte Möhre oder etwas gelber Kürbis sind nicht nur eine optische Aufwertung.

TIP: Kalifornisch wird der Salat, wenn Sie noch einen kleingeschnittenen Apfel und 30 g gehackte Haselnüsse zufügen.

Beim nächsten Rezept verwende ich zum ersten Mal das wohl vielseitigste Obst, das ich kenne: die Bananen. Ob roh, gebacken oder gebraten, warm oder eiskalt, süß oder pikant, sie schmecken immer und sie bieten der Köchin oder dem Koch die Gewähr, etwas ganz Besonderes zu bieten.

Rettichsalat in Bananensauce

1 Banane	pürieren oder mit einer Gabel zerdrükken. Mit
200 g saurer Sahne, 1 EL Obstessig, Kräutersalz, Pfeffer Paprikapulver	 und gut vermischen.
800 g scharfen, schwarzen Rettich	grob in die Marinade raspeln, einige Minuten durchziehen lassen und servieren.

TIP: Statt Essig können Sie auch Zitronensaft wählen. Auch Orangensaft eignet sich, dann wird die Sauce aber noch etwas milder.

TIP: Mein Lieblingssalat – bereits in einem meiner anderen Kochbücher abgedruckt – ist der Tomaten-Bananen-Salat mit grob gewürfelten Zwiebeln und eine Essig-Öl-Marinade.

Das nächste Gericht, das ich einem Hotel während unserer letzten Wanderung in Brandenburg verdanke, ist eigentlich kein Salat, sondern reine Rohkost, dafür einfach und lecker.

Gemüse mit Dips

Je 100 g Möhren, Zucchini, Bleichsellerie	putzen und in ca. 4 – 5 cm lange Stifte mit einer Dicke von knapp 1 cm schneiden und mit
Tomatenachteln	und
Gurkenscheiben	sowie
frischem Dill	garnieren. Mit verschiedenen Dips servieren.

Tomatendip

1 Tomate	vierteln, den Stengelansatz herausschneiden, mit
100 g Creme fraîche	pürieren, mit
Gemüsebrühe, Kräutersalz, Pfeffer, Paprika	kräftig würzen.

Kräuterquark-Dip

100 g Quark	mit
2 – 3 EL Milch	und
reichlich Petersilie,	
Schnittlauch, Dill, Kerbel	pürieren und mit
Kräutersalz, Pfeffer,	
Cayennepfeffer	würzen.

Tip: Servieren Sie zu den Gemüsestiften neben dem rosa Tomatendip den hellgrünen Kräuterquark und die weiße oder gelbe Knoblauch-Joghurtsauce (siehe Seite 106).

Und nochmals die Kombination: pikanter Salat und Obst.

Sauerkraut-Salat

200 g Sauerkraut	kleinschneiden,
150 g Möhren	grob raspeln,
150 g blaue Trauben	halbieren, eventuell Kerne herausnehmen.
2 EL Öl	mit
100 g saurer Sahne,	
Salz und Pfeffer	mischen, den Salat damit übergießen, sorgfältig mischen und einige Minuten ziehen lassen.

TIP: Nicht ganz so attraktiv wirkt der Salat, wenn man statt blauen weiße kernlose Trauben nimmt, aber es macht weniger Arbeit.

Gefüllte Paprika

150 g rote Bete	und
1 säuerlichen Apfel	fein raspeln, beides mit
1 EL Zitronensaft	übergießen und mit
Kräutersalz, Pfeffer	würzen.
	Bei
3 – 4 grünen Paprika	Deckel abschneiden, Kerne herausnehmen und den Boden, falls erforderlich, gerade schneiden, damit die Paprika stehen bleiben. Die Paprika mit der Rote Bete-Apfel-Mischung füllen. Die Deckel in sehr feine Streifen schneiden und zum Garnieren verwenden.

Auch Rezepte, die wenig Mühe machen, benötigen manchmal eine gewisse Vorbereitung und Vorlaufzeit. Bei dem Möhrensalat dauert dies insgesamt einige Tage, doch die reine Arbeitszeit beträgt nur wenige Minuten.

Möhren mit angekeimten Weizenkörnern

2 EL Weizenkörner	einige Stunden in Wasser einweichen. Das Wasser abgießen, die Körner in eine Keimbox geben, mit Wasser übergießen und 12 Stunden ruhen lassen. Das Ganze noch ein- bis zweimal wiederholen.
1 EL Zitronensaft	mit
125 ml saurer Sahne, 1 EL Sonnenblumenöl oder Mandelöl, Salz, Liebstöckel, Fenchel, Koriander	gut verrühren. In die Sauce
750 g Möhren	raspeln, die angekeimten Körner darübergeben, gut verrühren und einige Minuten ziehen lassen, mit
gehackten Kräutern	garnieren.

TIP: Für die tierisch eiweißfreie Variante können Sie statt der Sahnesauce auch eine Essig-Öl-Sauce verwenden.

Wenn Sie das folgende Rohkostrezept Gästen servieren wollen, fragen Sie am besten vorher, ob diese rohen Fenchel mögen.

Fenchelscheiben mit Käsecreme

	Von
2 Fenchelknollen	die welken Teile entfernen. Die Knollen waschen und in ca. 5 mm breite Scheiben schneiden, diese mit dem Saft von
1 Zitrone	beträufeln und mit
Kräutersalz	bestreuen.
1 – 2 Tomaten	häuten und kleinschneiden, und auf den Fenchelscheiben verteilen.
1 kleine Zwiebel	fein reiben, mit
50 g Gorgonzola,	
20 g Butter,	
Kräutersalz, Pfeffer	und
1 kleinen zerdrückten	
Knoblauchzehe	sahnig rühren, dann
100 g Doppelrahm-	
Frischkäse	hineinrühren und abschmecken. In Spritzbeutel füllen und die Fenchelscheiben garnieren. Mit etwas
kleingehacktem	
Fenchelgrün	bestreuen. Mit
Vollkorntoast und Butter	servieren.

TIP: Sie können die Fenchelscheiben auch im Gemüsesieb über Gemüsebrühe einige Minuten dünsten und das Gemüse warm servieren.

TIP : Sie können für die Käsecreme natürlich auch Roquefort oder einen anderen Blauschimmelkäse verwenden.

Suppen

Also eigentlich bin ich ja ein Suppenkasper. Meist verzichte ich gerne auf Suppe, aber bei den folgenden sage auch ich nicht nein, sondern genieße sie nach einem Salat oder vor einer Süßspeise oder auch als Hauptmahlzeit, vielleicht noch mit Vollkornbrot oder -brötchen.

Französische Gemüsesuppe

1 Zwiebel	klein würfeln,
1 Stange Lauch	in feine Streifen schneiden und in
1 EL Sonnenblumenöl	kurz anbraten.
1 kleine Zucchini, 1 Möhre	in dünne Scheiben schneiden,
200 g Tomaten	würfeln.
1 l Gemüsebrühe	zufügen und alles zusammen aufkochen. In die kochende Brühe
50 g Suppennudeln	geben und 8 – 10 Minuten kochen. In der Zwischenzeit
25 g frisches Basilikum, 2 Knoblauchzehen, einige Pinienkerne 2 EL Parmesan, Salz, etwas Cayennepfeffer	mit
4 EL Olivenöl	mixen. Diese Mischung in einen Suppentopf geben, die Suppe dazugeben, einige Minuten ziehen lassen und gut verrühren.

TIP: Suppentopf ist der schwäbische Begriff für eine Suppenschüssel, meist aus Porzellan oder Steingut.

Herzhaft und gut, so muß eine Kartoffelsuppe schmecken.

Kartoffel-Lauchsuppe

1 Stange Lauch	in 4 – 5 mm breite Streifen schneiden, die Hälfte in etwas
Butter	andünsten, dann
4 Kartoffeln	schälen, in kleine Würfel schneiden, hinzufügen.
1 l Gemüsebrühe	zugießen und kochen, bis die Kartoffelwürfel weich sind. Kräftig mit
Kräutersalz, Pfeffer	würzen, die Suppe pürieren. Die restlichen Lauchstreifen dazugeben, nochmals aufkochen.
250 ml Sahne	unterrühren und mit viel
Schnittlauch	bestreut servieren.

TIP: 1 Scheibe Brot in Würfel schneiden, in Butter von allen Seiten anbraten und zur Suppe servieren.

TIP: Wenn Sie es eilig haben, den Spülaufwand minimieren wollen und die Kartoffelwürfel noch spüren wollen, nehmen Sie nur halb soviel Sahne, und verzichten Sie aufs Pürieren.

TIP: Eine Knoblauchzehe zerdrücken, dazugeben und nach dem Pürieren fein geraspelte Möhren, ganz fein geschnittenen Lauch oder anderes Gemüse zugeben und nicht mehr kochen.

Besonders fein und festlich ist die

Kürbiscremesuppe

1 Zwiebel	fein hacken, in
2 EL Sonnenblumenöl	andünsten,
750 g gelben Kürbis	schälen und in nicht zu große Stücke würfeln, zu den Zwiebeln geben und kurz mitdünsten.
700 ml Gemüsebrühe	zugeben und das Ganze knapp 10 Minuten kochen. Mit
Kurkuma, Chilipulver, Salz, Pfeffer	kräftig würzen und
300 ml Sahne	zufügen.
Schnittlauch	fein schneiden und als Dekoration auf die Suppe geben.

TIP: Geben Sie vor dem Servieren noch Getreidesprossen dazu.

TIP: Sehr dekorativ ist es auch, wenn Sie vor dem Servieren auf jeden Teller noch einen Klacks geschlagene Sahne zufügen und dann erst den Schnittlauch daraufstreuen.

TIP: Sie können auch andere Gemüsecremesuppen auf die gleiche Art zubereiten. Meine zweitliebste Variante ist die mit roter Bete. Sie schmeckt hervorragend und ist noch dekorativer.

Ideal an heißen Tagen und ganz, ganz schnell zubereitet ist die kalte spanische Gemüsesuppe

Gazpacho

250 g Tomaten	halbieren,
250 g Gurken	in Stücke schneiden,
1 Zwiebel	vierteln,
2 Knoblauchzehen	halbieren.
	Alles mit
125 ml saurer Sahne,	
300 ml Joghurt	pürieren.
	Mit
Kräutersalz, Paprika,	
Pfeffer	und dem
Saft 1 Zitrone	würzen, mit kleingeschnittener
Zitronenmelisse	bestreut servieren.

Nach diesem Rezept für heiße Tage gleich das Gegenteil: Die nächste Suppe verlangt nach eisiger Kälte draußen und molliger Wärme drinnen. Sie geht ganz schnell, und noch einfacher geht es wirklich nicht.

Sauerkrautsuppe

750 ml Gemüsebrühe	aufkochen,
500 g Sauerkraut	kleinschneiden, 350 g davon in die Brühe geben und 5 – 10 Minuten kochen. Das restliche Sauerkraut in die Suppentassen geben, mit der Suppe überbrühen und sofort servieren.

Wie Sauerkraut gab es bei meiner Mutter zu Hause Linsen eigentlich überwiegend im Winter, doch ich bevorzuge diese Hülsenfrüchte auch im Frühjahr, Sommer und Herbst und natürlich im Winter.

Rote Linsensuppe

200 g Linsen	nach Grundrezept in
800 ml Gemüsebrühe	fast weichkochen, dann
1 Tomate	mit heißem Wasser überbrühen, schälen und klein würfeln, mit
200 ml rotem Traubensaft	zu den Linsen geben und noch 5 – 10 Minuten weichkochen und mit
Salz, Pfeffer, Chili	kräftig würzen.

TIP: Wenn Sie vergessen haben, die Linsen vorzubereiten, nehmen Sie einfach rote Linsen. Dann ist die Suppe auch in 20 Minuten fertig.

Nicht nur Gemüse oder Getreide eignet sich für pikante Suppen, nein auch mit Obst oder Saft lassen sich Suppen zaubern. Wenn Sie es nicht glauben, probieren Sie doch einmal die nächsten Rezepte.

Bananensuppe

750 ml Gemüsebrühe	aufkochen, dann
2 – 3 Bananen	mit dem
Saft einer halben Zitrone	pürieren und in die Gemüsebrühe geben und einige Minuten köcheln lassen. Mit
Kräutersalz, Curry, Kurkuma	würzen. Vom Herd nehmen.
125 ml saure Sahne	und
125 ml süße Sahne	unterrühren. Nochmals abschmecken und servieren.

TIP: Nicht mehr aufkochen lassen, nachdem Sie die saure Sahne zugegeben haben. Wollen Sie die Suppe später nochmals aufkochen, nehmen Sie nur süße Sahne.

Orangen-Tomatensuppe

100 g Zwiebeln	würfeln,
1 Möhre	in dünne Scheiben schneiden.
250 g Tomaten	halbieren und alles mit
750 ml Gemüsebrühe,	
1 Lorbeerblatt,	
abgeriebene Schale	
einer halben Zitrone	und
3 – 4 Pfefferkörnern	aufkochen, ca. 5 – 10 Minuten köcheln lassen, leicht pürieren.
30 g Butter oder Öl	in einem Topf zerlassen,
30 g Vollkornmehl	kurz darin verrühren, dann die Tomatenbrühe zugeben.
1 Orange	sehr dünn schälen, die Hälfte der Schale in dünne Streifen schneiden. Die Orange auspressen und den Saft zur Suppe geben.
	Mit
Salz,	gegebenenfalls
etwas Honig	würzen. Die Orangenstreifen vor dem Servieren über die Suppe streuen.

TIP: Ein Klacks geschlagener Sahne gibt dieser Suppe einen zusätzlichen Pfiff.

Pilzgerichte

Pilze werden häufig als Hauptbestandteil einer vegetarischen Mahlzeit eingesetzt, daher dürfen Sie hier auch nicht fehlen. Ich liebe Pilze. Wenn man allerdings einige Zeit auf konventionelles Restaurantessen angewiesen ist, scheinen Pilze bei vielen Köchen die einzige Alternative zu Fleisch zu sein, und dann wird es selbst mir zuviel. Es sei denn, ich genieße dann zu Hause eines der folgenden Rezepte.

Die gefüllten Champignons eignen sich als Vorspeise, als interessante Variante auf einem warm-kalten Buffet oder auch als wesentlicher Bestandteil eines Hauptgerichtes.

Gefüllte Champignons

8 große Champignons	putzen, die Stielansätze ausschneiden und kleinhacken, die Pilzköpfe beiseite legen.
1 kleine Zwiebel	fein würfeln und in
20 g Butter	anbraten, dann die kleingeschnitten Champignonstiele dazugeben und mitbraten.
100 g pikanten Käse (z. B. Appenzeller)	fein reiben, mit
30 g Vollkornbrösel	sowie den Zwiebeln und den kleingeschnittenen Pilzen mischen. Mit
Kräutersalz, Pfeffer, Paprika	und
1 EL fein gehackter Petersilie	würzen. Die Pilzköpfe mit der Mischung füllen und in eine gefettete Auflaufform setzen. Soviel
Gemüsebrühe	zugießen, daß die Form einen halben Zentimeter gefüllt ist. Im vorgeheizten Ofen bei 200° C ca. 15 Minuten backen.

Jeder hat auch bei den Gewürzen so seinen Favoriten. Bei mir ist es Ingwer. Am liebsten verwende ich frischen, aber manchmal auch Pulver, sowohl bei süßen als auch bei pikanten Gerichten. Hier gibt er einem indisch angehauchten Gericht seinen besonderen Reiz.

Ingwer-Champignons mit Patna-Gemüse

1 Zwiebel	fein würfeln,
1 Stück Ingwer (= 2 EL)	reiben, beides in
2 – 3 EL ÖL	anbraten.
300 g Champignons	halbieren oder vierteln und einige Minuten mitbraten.
Knapp 125 ml Gemüse- oder Pilzbrühe	zufügen und gut 5 Minuten dünsten. Mit
Salz, Pfeffer, Paprika	würzen, gegebenenfalls noch
Ingwer	zufügen. Dazu paßt Patna-Gemüse (siehe Seite 32) und Reis.

Patna-Gemüse

1 kleine Zwiebel	fein hacken, mit
Kreuzkümmel, Koriander	in
6 EL Öl	in einem großen Topf hellbraun rösten.
1 Knoblauchzehe	zerdrücken,
1 kleines Stück Ingwer	reiben und kurz mitbraten.
100 g Joghurt	löffelweise zufügen, mit
Kurkuma,	
schwarzem Pfeffer,	
Cayennepfeffer	aufkochen.
2 Kartoffeln	in kleine Stücke schneiden, dazugeben und 10 Minuten schmoren lassen.
1 Tomate	vierteln und pürieren,
2 EL Mandeln	grob hacken und zusammen mit der pürierten Tomate zufügen und kurz mitkochen lassen.
200 g Kohlrabi,	
200 g Möhren	klein würfeln,
200 g Lauch	in Streifen schneiden, alles zufügen, gegebenenfalls
etwas Gemüsebrühe	zugeben, mit
Kräutersalz	abschmecken und nochmals knapp 10 Minuten kochen, bis die Kartoffeln gar sind.

TIP: Wenn die Zeit fehlt, können Sie auch Tomatenmark verwenden und auf die Mandeln und die Kartoffeln verzichten.

In meinem vegetarischen Vollwertrestaurant habe ich jeden Freitagabend Feinschmeckermenüs serviert. Hier ein Beispiel für eines dieser Gerichte. Es war nicht nur eines meiner Lieblingsrezepte, sondern auch das mancher Gäste.

Austernpilznudeln in Gorgonzola

1 Zwiebel	mit
Petersilie, Schnittlauch	kleinhacken und alles in
30 g Butter	andünsten.
300 g Austernpilze	vom Strunk befreien, in Würfel schneiden, zu den Zwiebeln geben und bei starker Hitze braten, bis die ganze Flüssigkeit verdampft ist.
150 g Sahnegorgonzola	stückweise zufügen, mit
200 ml Sahne	begießen und bei geringer Hitze köcheln lassen, bis alle Zutaten gut verbunden sind. Mit
Salz, Pfeffer, Oregano, Basilikum	würzen. In der Zwischenzeit
400 g Nudeln	weichkochen, das Wasser abgießen und mit den Pilzen und der Soße servieren. Dazu paßt Salat oder Gemüse.

TIP: Wenn Sie etwas mehr Zeit haben, machen Sie statt der Nudeln Salbeispätzle, d. h. fügen Sie dem normalen Spätzlesteig mehrere fein gehackte Salbeiblätter bei.

Und noch eine dritte Pilzsorte wollen wir ausprobieren, nämlich Pfifferlinge:

Pfifferling-Ragout

500 g Pfifferlinge	putzen und in kaltem Wasser waschen.
1 Zwiebel	fein würfeln, in
40 g Butter oder Öl	mit den Pilzen kurz anbraten und 5 Minuten schmoren lassen.
1 EL Vollkornmehl	darüberstäuben und nochmals einige Minuten braten. Mit
Salz, Pfeffer, Majoran	würzen und mit
175 ml heißer Gemüse- oder Pilzbrühe	übergießen und 2 – 3 Minuten köcheln lassen. Vom Herd nehmen und
3 – 4 EL Sahne	einrühren. Mit gehackter
Petersilie	bestreuen.

Dazu passen am besten körnig gekochter Reis oder Semmelknödel.

TIP: Sind Ihnen Pfifferlinge allein zu teuer, dann können Sie bei dem Gericht auch eine Mischung aus Champignons und Pfifferlingen verwenden.

TIP: Für die tierisch eiweißfreie Variante können Sie auf die Sahne verzichten.

Nudeln und Knödel

Was wäre die vegetarische Küche ohne Nudeln und Knödel? Einfach undenkbar. Denn die Vielfalt dieser Teigwaren, insbesondere auch italienischen Ursprungs, bietet dem phantasievollen Koch oder der Köchin eine schier unerschöpfliche Quelle für das tägliche Essen oder für einen besonderen Tag.

Spaghetti mit süß-saurer Zwiebelsauce

500 g rote Zwiebeln	halbieren und in Scheiben schneiden, in
2 – 3 EL Olivenöl	einige Minuten andünsten.
250 g Tomaten	mit heißem Wasser überbrühen und Haut abziehen.
1 – 2 Knoblauchzehen	fein hacken. Beides zu den Zwiebeln geben, kurz mitdünsten,
200 ml roten Traubensaft	zugießen, mit
Kräutersalz, Basilikum, Rosmarin, Majoran	und
1 Lorbeerblatt	würzen und 10 Minuten kochen. In der Zwischenzeit
250 g Spaghetti	in heißem Wasser nach Vorschrift weichkochen. Die Sauce mit
1 TL Honig, 2 TL Apfelessig	und
Zimt	abschmecken und mit den Spaghetti servieren.

TIP: Noch etwas süßer wird die Sauce, wenn man 30 g Rosinen oder Korinthen einige Minuten mitkocht.

TIP: Tierisch eiweißfrei ist das Gericht, wenn Sie eifreie Spaghetti verwenden.

Spaghetti alla carbonara

350 g Spaghetti	in 3 l Salzwasser »al dente« kochen. In der Zwischenzeit
1 kleine Zwiebel	grob hacken und in einer großen Pfanne mit
3 – 4 EL Olivenöl	anbraten.
3 – 4 Eier	gründlich verquirlen, mit
100 – 150 g Parmesan	verrühren.
1 kleine Stange Lauch	fein schneiden und zu der Eier-Käse-Mischung geben. Die Spaghetti gründlich abseihen, zu den Zwiebeln geben. Die Mischung über die Nudeln geben, diese leicht anheben und bei geringer Hitze rasch unterziehen und leicht stocken lassen. Die Mischung soll in knapp 2 Minuten zu einer sämigen Sauce verschmelzen. Mit
Salz, schwarzem Pfeffer	würzen und sofort servieren.

TIP: Falls Ihnen das Olivenöl zu kräftig ist, können Sie natürlich auch Sonnenblumenöl verwenden, oder statt Parmesan auch geriebenen Emmentaler.

Gehen wir einen Schritt weiter und lassen beim nächsten Gericht den sauren Anteil weg und bleiben beim Süßen allein. Als überzeugter Schwabe verwende ich beim folgenden Gericht keine handelsüblichen Vollkornnudeln, sondern natürlich Spätzle.

Apfelnudeln

250 g Vollkornnudeln	nach Vorschrift in 6 – 8 Minuten weichkochen und abtropfen lassen.
2 – 3 EL Sonnenblumenöl	in einer Pfanne erhitzen und die Nudeln hineingeben.
1 – 2 Äpfel	mit der Schale grob raspeln, mit
1 EL Zitronensaft	beträufeln. Mit
1 – 2 EL Honig	und den Nudeln verrühren und einige Minuten mitbraten. Mit
Zimt, Ingwer	ausgiebig bestreuen und servieren.

TIP: Ein Klacks geschlagene Sahne verfeinert das Gericht, falls man nicht auf tierisches Fett verzichten will.

TIP: Tierisch eiweißfrei wird das Gericht, wenn Sie eifreie Nudeln verwenden.

Hier noch das Spätzles-Rezept und einige Variationen. Handgeschabt sind sie der Stolz einer schwäbischen Hausfrau, etwas bequemer geht es mit der Spätzlesreibe und am schnellsten mit der Spätzlespresse. Üblicherweise wird als Getreide Weizen verwendet, feiner werden Sie mit Dinkel, besonders kräftig mit der Zugabe von Roggen.

Spätzle

Je 150 g Dinkel und Roggen	sehr fein mahlen, mit
3 Eiern, Salz, Muskatblüte	gut verrühren und einige Minuten quellen lassen.
1 l Wasser	mit
1 EL Salz	aufkochen. Die Spätzlespresse zuerst kurz in das heiße Wasser tauchen, dann Teig portionsweise einfüllen und durch die Presse ins Wasser drücken. Wenn die Spätzle oben schwimmen, herausnehmen und in einem Sieb abtropfen lassen.
1 EL Butter	über die Spätzle geben und servieren.

TIP: Sie können auch einen Teil des Getreides durch Buchweizen ersetzen oder den Teig mit 1 EL Sahne verfeinern.

Kässpätzle

1 EL Butter	in der Pfanne erhitzen,
50 g Buchweizen	und
1 EL Gemüsebrühe	zugeben, gut vermischen und einige Minuten anbraten. Die Körner herausnehmen und beiseite stellen.
1 Zwiebel	in Ringe schneiden. Dann nochmals
1 – 2 EL Butter	in die Pfanne geben und die Zwiebelringe gut anbräunen. Zwiebel dann herausnehmen. In der Zwischenzeit
100 g Bergkäse	reiben oder raspeln.
	Falls erforderlich, nochmals
Butter	in die Pfanne geben,
300 g Vollkornspätzle	dazugeben, unter Rühren leicht anbraten, den geriebenen Käse hinzufügen und einige Minuten überbacken. Mit den Zwiebeln und dem Buchweizen garniert servieren.

Sie haben noch Spätzle übrig, dann bietet sich zum einen *Gaisburger Marsch*, der typisch schwäbische Eintopf (Seite 67) an oder

Spätzle mit Ei

1 – 2 EL ÖL	in der Pfanne erhitzen,
300 g Vollkornspätzle	hineingeben und unter Rühren kurz anbraten.
2 Eier	mit
1 EL Sahne	verquirlen, über die Spätzle gießen, zuerst verrühren und dann die Eimasse stocken lassen.
Schnittlauch	fein schneiden und die Spätzle damit garnieren.

Bei manchen Gerichten könnte man sich fragen: In welchem Kapitel soll man es unterbringen, gehören die Gnocchi eher zu den Nudeln oder sind es fast schon Knödel? Kein Problem, da ich in diesem Kapitel ja beide zusammengefaßt habe. Hier die Grießvariante, die mit Kartoffeln kommt in einem späteren Kapitel:

Grieß-Gnocchi in Käsesauce

600 ml Milch	mit
Meersalz, Muskat	zum Kochen bringen.
160 g Vollkorngrieß	einstreuen, unter Rühren kurz aufkochen, vom Herd nehmen und gut 10 Minuten ausquellen lassen. In der Zwischenzeit Käsesauce (siehe folgende Seite) vorbereiten. Anschließend
2 – 3 Eier	verquirlen mit
gehackten Kräutern, z. B. Kerbel, Petersilie, Dill oder Schnittlauch	in die Grießmasse einrühren.
Knapp 1 l Wasser	aufkochen,
1 EL körnige Gemüsebrühe	beifügen. Mit dem Löffel kleine Klößchen abstechen und im köchelnden Wasser einige Minuten ziehen lassen, bis sie oben schwimmen, dann herausnehmen und mit der Käsesauce (siehe folgendes Rezept) servieren.

Käsesauce

250 ml Milch	erwärmen, dann
150 g geraspelten Käse	zufügen, unter Rühren weiter erhitzen, bis der Käse verlaufen ist. Mit
Salz, Paprika, Kurkuma	würzen und mit
50 ml Sahne	verfeinern.

TIP: Statt Hartkäse wie Emmentaler, Bergkäse oder älterem Gouda eignen sich auch vorzüglich die herzhaften weichen Sorten wie Roquefort oder Gorgonzola.

Seit wir vor einigen Jahren erstmals die Insel Rügen besucht haben, sind wir halbe Rüganer geworden. Jedes Jahr sind wir zwei- bis dreimal zu Besuch auf der Insel, und neben unserem Aufenthalt in Putbus gehört immer ein Essen in der russischen Teestube im Ostseebad Sellin dazu. Fast immer wählen Ingrid oder ich Variniki, mal süß, mal pikant.

Variniki mit Pilzen

200 g Weizen	fein mahlen,
1 EL Butter	zerlassen, beides mit
1 Ei,	
4 EL Wasser,	
Salz	zu einem glatten und geschmeidigen Teig kneten. Auf bemehlter Fläche so dünn wie möglich auswellen, mit einer Tasse Kreisflächen von ca. 5 cm Durchmesser ausstechen.
50 g Zwiebeln	fein hacken, in
2 EL Butter	anbraten,
150 g Pilze	kleinschneiden, einige Minuten mitbraten, mit
körniger Gemüsebrühe,	
Salz, Pfeffer	würzen,
1 – 2 EL saure Sahne	zufügen. Die Füllung mitten auf eine Teigplatte geben, mit einer weiteren Platte abdecken. An den Rändern fest zusammenpressen. In
heißem Salzwasser	12 – 15 Minuten köcheln lassen. Mit
Schmand	oder Creme fraîche servieren.

...und mit Früchtefüllung

	Nehmen Sie für die Füllung
200 g kleingeschnittene Früchte	und servieren Sie zum Schmand noch
Obstgelee.	Besonders lecker ist Sanddorn.

...oder süßer Füllung

200 g Quark	mit
100 g saurer Sahne, 1 Ei, Salz, 2 – 3 EL Honig, 2 EL zerlassener Butter	verrühren.

Nach der russischen Variante nun die schwäbischen Maultaschen. Maultaschen mit Fleisch wurden früher häufig am Freitag gegessen, da das Fleisch im Teigmantel versteckt war. Diese vegetarische Variante können Sie immer genießen.

Maultaschen mit Gemüsefüllung

250 g Weizen	fein mahlen, mit
2 Eiern, Salz,	
4 EL Wasser	zu einem geschmeidigen, nicht klebenden Teig verarbeiten.
150 g Gemüse, z. B.	
Möhren, Sellerie, Kohlrabi,	
Lauch, Zwiebeln	klein würfeln, in
Öl	einige Minuten anbraten, etwas abkühlen lassen und mit
100 g Quark	und
1 Ei	vermischen. Mit
Kerbel, Thymian, Paprika,	
Kräutersalz, Pfeffer	würzen.
	Teig ausrollen, Rechtecke in der Größe von 7 x 10 cm ausschneiden.
	Füllung löffelweise aufbringen und einrollen. Die Seiten mit einer Gabel fest zusammenpressen. In kochender
Gemüsebrühe	10 Minuten ziehen lassen. In der Brühe servieren.

Wie wär's mit einer

Grünkernfüllung

100 g Grünkern	mittelgrob schroten,
400 – 500 ml Pilz- oder Gemüsebrühe	aufkochen, den Schrot einrühren und 10 Minuten quellen lassen.
1 Bund Kräuter	fein hacken und mit
Salz, Pfeffer,	zur Grünkernmasse geben.

TIP: Wenn Sie mehr Zeit haben, waschen Sie 100 g Spinat, dünsten diesen mit kleingeschnittenen Zwiebeln in wenig Wasser an, bis er zusammenfällt. Dann etwas kleinschneiden und unter den Grünkern mischen.

Wenn einige Maultaschen übrig bleiben, ärgern Sie sich nicht, sondern freuen Sie sich auf meine Lieblingsmaultaschen.

Maultaschen gebraten

Maultaschen	in ca. 1 – 2 cm breite Streifen schneiden, in der Pfanne in
etwas Öl	anbraten.
1 – 2 Eier	verquirlen und über die Maultaschen gießen, unter gelegentlichem Rühren einige Minuten weiterbraten. Dazu schmeckt am besten Kartoffelsalat mit Leinöl oder auch ein anderer Salat.

Wie die Maultaschen lassen sich auch die folgenden Knödel weiterverarbeiten, falls etwas übrigbleibt.

Semmelknödel

6 alte Vollkornbrötchen	grob reiben oder zerkleinern,
knapp 250 ml lauwarme Milch	mit
Salz	darübergießen, hin und wieder umdrehen und gut 15 Minuten quellen lassen.
1 kleine Zwiebel	fein würfeln und in
1 EL Öl	anbraten. Mit
3 Eiern	gut vermengen. Wenn die Masse zu feucht ist, noch
Semmelbrösel oder Weizenmehl	zugeben. Mit nassen Händen Knödel formen. In siedendem
Salzwasser	solange köcheln lassen, bis sie oben schwimmen. Mit Pilz- oder Rahmsauce zu Gemüse servieren.

TIP: Eine bei uns Schwaben besonders beliebte Delikatesse ist es, wenn Sie statt eines Teiles der Brötchen Brezeln oder Laugenbrötchen nehmen.

Dinkel-Käse-Klößchen

100 g Dinkel	fein mahlen,
100 g Käse	fein reiben.
125 ml Milch	und
50 ml Sahne	aufkochen.
	Das Dinkelmehl mit
2 EL Sesam	einrühren, dann
1 Ei,	
Salz, Muskat	und den geriebenen Käse unterrühren, bis sich die Masse als Kloß vom Boden löst.
1 l Salzwasser	aufkochen, mit 2 Löffeln kleine Klößchen abstechen, ins kochende Wasser geben und bei geringer Hitze ziehen lassen. Wenn die Klößchen oben schwimmen, herausnehmen und abtropfen lassen. Dazu paßt angebratenes Gemüse mit oder ohne Zwiebelsauce.

Gemüse und Eintöpfe

Als ich mich vor vielen Jahren entschloß, aus ethischen Gründen Vegetarier zu werden, hatte ich gewisse Befürchtungen was Gemüse anging, da ich eigentlich nur relativ wenige Gemüsesorten – und die meist nur weichgekocht – kannte und mir diese nie besonders gut geschmeckt hatten.

Doch al dente gekocht und in der mir nun bekannten Vielfalt genieße ich Gemüse, wenn auch nicht in jedem Restaurant. Denn zumindest nach meinem Empfinden ist Gemüse dort nicht selten verkocht.

Mangold in heller Sauce

1 kg Mangold	putzen und einige Blätter beiseite legen. Die Stiele von den Blättern befreien und in fingerlange Stücke schneiden. Die Stiele in
3 EL Öl	anbraten und 10 Minuten dünsten, die Blätter in Streifen schneiden und nach 5 Minuten zugeben.
2 EL Butter	zerlassen,
2 EL Weizenvollkornmehl	darüberstäuben und bei schwacher Hitze zu einer glatten Masse verrühren.
250 ml Gemüsebrühe	zugießen, gut unterrühren und 5 Minuten kochen lassen, dann
4 EL saure Sahne, Selleriesalz, Muskatblüte, Paprika, 1 EL Zitronensaft	verquirlen und in die Sauce rühren. Die beiseite gelegten Blätter sehr fein hacken, in die Sauce geben und alles über den gekochten Mangold gießen. Mit Kartoffeln, Nudeln, Reis oder gekochtem Getreide servieren.

Rosenkohl in Nuß

300 g geputzten Rosenkohl in	
knapp 125 ml Wasser	innerhalb von 15 Minuten gar dämpfen.
2 – 3 EL Roggen	mittelgrob mahlen, ebenso
40 g Haselnüsse.	
40 g Butter	erhitzen, Roggenschrot und Nüsse darin kurz anrösten, mit
je 100 ml Wasser, Milch und Sahne	und der restlichen Kochflüssigkeit des Rosenkohls ablöschen, umrühren und 3 Minuten kochen lassen.
80 g Gouda	grob reiben, mit
Muskatblüte, Kräutersalz	würzen, über den Rosenkohl geben und mit frisch gehackten
Kräutern	garnieren.

Gemüse südländisch zubereitet, das bedeutet nicht zuletzt die Verwendung von Olivenöl. Wem dieser Geschmack zu intensiv ist, kann auch auf andere Ölsorten ausweichen. Bei den beiden folgenden Rezepten habe ich einmal eine Variante mit Olivenöl und einmal eine ohne gewählt.

Ratatouille

2 Zwiebeln und	
2 – 3 Knoblauchzehen	fein hacken, in
3 EL Olivenöl	andünsten.
1 Aubergine	und
1 Zucchini	ungeschält in 1 cm dicke Scheiben schneiden,
4 Paprika	entkernen und in Streifen schneiden,
3 Tomaten	vierteln. Gemüse in folgender Reihenfolge: Aubergine, Paprika, Zucchini und zuletzt die Tomaten zu den Zwiebeln geben. Mit
körniger Gemüsebrühe, Basilikum, Thymian, Rosmarin, Pfeffer	und
Kräutersalz	würzen und unter Rühren 10 – 15 Minuten köcheln lassen. Wenn möglich ohne Zugabe von Wasser. Zu Pellkartoffeln, Reis oder Nudeln servieren.

TIP: Weitere Gewürze eignen sich alternativ: Koriander, Oregano, scharfer Paprika, Kümmel und vor allem Ingwer sowie Zitronensaft.

TIP: Probieren Sie Ratatouille auch einmal als kalte Beilage zu pikanten Küchle oder Fladen.

Peperonata

250 g Zwiebeln	würfeln und in
4 EL Sonnenblumenöl	glasig braten.
500 g rote und grüne Paprika	entkernen und in Streifen schneiden,
2 Knoblauchzehen	durchpressen und zu den Zwiebeln geben, mit
Rosmarin, Salbei, Thymian,	
Salz	und
1 – 2 EL Apfelessig	würzen, 5 – 10 Minuten dünsten und gelegentlich umrühren.
250 g Tomaten	vierteln und 5 Minuten zugedeckt mitgaren, dann auf voller Hitze unter ständigem Rühren nochmals 5 Minuten kochen, so daß eine teilweise cremige Masse entsteht. Als Beilage eignen sich auch hier Kartoffeln, Reis und Nudeln.

TIP: Nach den Kriterien der Vollwertküche wird dieses Gericht eigentlich fast ein wenig zu lange gekocht. Kochen Sie das Gemüse nur insgesamt 10 Minuten und pürieren Sie ein Viertel, dann erhalten Sie eine ganz ähnliche Konsistenz.

Bleiben wir bei den südländischen Gerichten, kommen wir zu den Auberginen. Während der Zeit in meinem vegetarischen Vollwertrestaurant habe ich Auberginen gar nicht so selten gekocht, serviert und genossen. Doch irgendwie habe ich dieses Gemüse dann aus den Augen verloren. Erst als ich während unserer letzten Wanderung in Brandenburg in einem Hotel mit interessanten vegetarischen Gerichten wieder auf Auberginen gestoßen bin, habe ich mich wieder erinnert, deshalb hier ein Rezept.

Auberginen-Rouladen

150 g Grünkern	mittelgrob schroten,
250 ml Wasser	erhitzen und Grünkernschrot einrühren. 10 Minuten ausquellen lassen.
1 Zwiebel	und
1 Knoblauchzehe	fein hacken, mit
2 EL Tomatenmark, Kräuter der Provence, Paprika, Basilikum und 1 Ei	hinzufügen und gut verrühren.
2 Auberginen	längs in 5 mm dicke Scheiben schneiden, auf beiden Seiten salzen, nach 5 Minuten abspülen und trocken tupfen.
150 g Edamer oder Gouda	in Scheiben schneiden. Je eine Scheibe auf jede Auberginenscheibe legen, dann die Grünkernmasse darauf verteilen und die Auberginenscheibe einrollen, mit Rouladenstäbchen feststecken. In eine gefettete Auflaufform setzen und 20 Minuten bei 200° C backen. Mit Tomatensauce servieren.

TIP: Sie können auch Ei und Käse weglassen und haben dann eine tierisch eiweißfreie Variante, die ebenso vorzüglich schmeckt.

Bei der Rohkost habe ich gefüllte grüne Paprika verwendet, gekocht empfehle ich hier, nicht zuletzt aus optischen Gründen, rote.

Paprika mit Mais

	Von
4 roten Paprikaschoten	Deckel abschneiden und aushöhlen, alle Kerne entfernen. Innen mit
Salz, Paprika	ausreiben und in kochendes
Salzwasser	geben und knapp 10 Minuten kochen.
200 g tiefgefrorene Maiskörner	in heißem Wasser auftauen, auf einem Sieb abtropfen lassen. Den Mais in einer Pfanne mit
Butter oder Öl	anbraten,
Petersilie	hacken und zugeben, mit
Kräutersalz, etwas Weinessig	und
einer Spur Honig	abschmecken. Paprika aus dem Wasser nehmen und abtropfen lassen. Eine feuerfeste Form einfetten, Paprika mit dem Mais füllen, noch
1 EL Butter oder Margarine	in die Form geben und in 15 Minuten gar schmoren. Eventuell noch etwas Gemüsebrühe zugeben. Zu Reis und/oder Dinkel-Käse-Klößchen (siehe Seite 50) servieren.

Wie Sie sicher schon bemerkt haben, faszinieren mich Gegensätze immer wieder, z. B. die Kombination süß-sauer. Immer wieder fündig werde ich damit in der asiatischen Küche, wie bei den beiden folgenden Rezepten:

Süß-saures Gemüse indonesisch

150 g Weißkohl	und
250 g grüne Paprika	in schmale Streifen schneiden,
250 g Möhren	und
150 g Bleichsellerie	in dünne Scheiben schneiden,
100 g Pilze	halbieren oder kleinschneiden.
4 EL Sojaöl	erhitzen, Gemüse darin 5 Minuten anbraten, dann
250 ml Gemüsebrühe	zugeben und zugedeckt unter gelegentlichem Umrühren 10 Minuten dünsten. Mit
1 EL Honig, 2 EL Obstessig, 1 EL Sojasauce, Kräutersalz	abschmecken. Wenn die Gemüsesauce zu flüssig ist, mit etwas
Reismehl	binden. Dazu serviert man am besten Reis.

Mit einem bei uns noch nicht ganz so bekannten Gemüse möchte ich fortfahren, mit dem ausgesprochen vitaminreichen Okra, das ursprünglich aus Abessinien stammt, heute aber auch in Indien und auf dem Balkan angebaut wird.

Okra indisch

750 g Okra	putzen und gründlich abwaschen, Stengel abschneiden.
1,5 l Wasser mit Knoblauchsalz	aufkochen. Okra hineingeben und gut 10 Minuten im geschlossenen Topf kochen lassen. Okra herausnehmen und abtropfen lassen.
1 kleine Zwiebel	kleinhacken und in
30 g Butter	anbraten.
Einige Pfefferkörner	sowie
Korianderkörner	zugeben, ebenso die Okraschoten und mit
Knoblauchsalz, Kurkuma, Paprika, Chili, Kardamom	und dem
Saft einer halben Zitrone	kräftig würzen. Einige Minuten mitbraten und
100 g Sahne	einrühren. Mit Reis servieren.

TIP: Statt Sahne können Sie auch Joghurt nehmen. Wenn Sie mehr Sauce lieben, fügen Sie noch vor dem Milchprodukt 100 ml Gemüsebrühe hinzu.

TIP: Ohne Sahne ist dieses Gericht tierisch eiweißfrei.

Hin und wieder verwende ich in manchen Rezepten auch Tofu, wie z. B. in Kombination mit Chinakohl, der hier mal nicht als Salat, sondern als Gemüse verwendet wird.

Chinakohl mit Tofu

300 g Tofu	in 2 cm große Würfel schneiden, in
Öl	allseitig anbraten.
500 ml Gemüsebrühe	erhitzen.
2 EL Sojasauce,	
1 – 2 TL Honig,	
1 TL geriebener Ingwer,	
1 – 2 durchgepreßte Knoblauchzehen	und
Cayennepfeffer	dazugeben, den Tofu hinzufügen und einige Minuten köcheln lassen.
1 Chinakohl	in breite Streifen schneiden, in wenig
Öl	andünsten, bis er leicht zusammenfällt und mit
Salz	würzen.
1 EL Pfeilwurzelmehl	in wenig
Wasser	anrühren, unter Rühren in die Brühe geben, bis sie etwas eindickt. Sauce über den Chinakohl gießen und 2 – 3 Minuten weiterkochen. Mit Reis oder Nudeln anrichten.

Und noch ein Rezept mit Chinakohl, den die meisten nur für Salate verwenden, wobei ich als Salatmarinade eine Mischung aus Joghurt und Orangensaft mit Salz und Pfeffer bevorzuge.

Chinakohl überbacken

2 kleine Köpfe Chinakohl (ca. 1 kg)	von den welken Blättern befreien, der Länge nach halbieren und in 3 – 4 cm lange Stücke schneiden, in einem Gemüsesieb über
Gemüsebrühe	ca. 5 Minuten dünsten und herausnehmen.
1 kleine Zwiebel	würfeln und kurz anbraten. Eine Auflaufform mit
Butter	einfetten. Den Chinakohl einschichten, mit
40 g geriebenem Emmentaler	und der Hälfte der Zwiebeln bestreuen und einige
Butterflöckchen	darauf setzen.
125 ml saure Sahne	mit den restlichen Zwiebeln,
kleingehackter Petersilie, Salz, Pfeffer	mischen und über das Gemüse geben. Nochmals
20 g geriebenen Käse	darübergeben und im Backofen bei 200° C gut 15 Minuten backen. Mit Kartoffelpüree servieren.

TIP: Haben Sie gekochte Kartoffeln vorrätig, schneiden Sie diese geschält in dünne Scheiben und schichten Sie sie abwechselnd mit dem Chinakohl in die Auflaufform.

Ähnlich wie Chinakohl wird auch Chicorée häufig als Salat verwendet. Sein herber Geschmack eignet sich jedoch auch vorzüglich für ein Gemüsegericht.

Chicorée mit Tomaten

6 – 8 Tomaten	vierteln, die Stengelansätze herausschneiden, mit etwas
Basilikum	in
150 ml Gemüsebrühe	10 Minuten dünsten und leicht abgekühlt pürieren.
8 Chicoréestauden	putzen und das Wurzelende großzügig abschneiden, den bitteren Kern keilförmig herausschneiden. Im Gemüsesieb über
Salzwasser	10 Minuten dünsten. Eine Auflaufform einfetten und Chicorée hineinlegen. Die pürierten Tomaten mit
etwas Honig	und dem
Saft einer halben Zitrone	mischen und mit
Sojasauce	abschmecken. Über die Chicorée geben.
80 g Haselnüsse	fein mahlen, und über die Chicorée streuen, diese noch mit
Butter- oder Margarineflöckchen	belegen und im Ofen bei 200° C ca. 15 Minuten backen. Dazu schmecken Vollkornbrot, Reis oder Kartoffeln und vorweg ein Salat.

TIP: Statt gemahlener Haselnüsse können Sie auch eine Mischung aus Vollkornbrösel und Parmesan verwenden.

Wenn man von Püree spricht, denkt man meist automatisch an Kartoffeln, doch dies ist zu einseitig, wie die beiden folgenden Rezepte zeigen.

Möhrenpüree

300 g Möhren	und
1 große Kartoffel	in kleine Stücke schneiden, in ein Sieb geben und in
Wasser	10 – 15 Minuten garen, dann durchpressen oder pürieren.
1 kleine Zwiebel	fein würfeln und in
2 EL Öl	anbraten. Je nach Wunsch mit den Möhren pürieren oder gewürfelt dazugeben. Mit
125 ml Sahne	verfeinern und mit
Kräutersalz	abschmecken.

TIP: Sie können als tierisch eiweißfreie Variante auch auf die Sahne verzichten.

TIP: Einen etwas ungewöhnlichen Geschmack erhalten Sie, wenn Sie geriebenen oder kleingeschnittenen Ingwer mit anbraten und mit Kurkuma würzen. Auch eine Prise Nelken oder Zimt sind nicht zu verachten.

Weißkrautpüree

1 Zwiebel	würfeln,
300 g Weißkraut	fein raspeln.
Knapp 100 ml Gemüsebrühe	aufkochen, Zwiebel und Weißkraut zufügen und 5 – 10 Minuten köcheln lassen. Das Ganze pürieren und nochmals erhitzen, dann
40 g Butter	und
1 – 2 EL Sahne	zufügen und mit
Tomatenachteln	garnieren.

Und gleich noch eine ungewöhnliche Art der Zubereitung von Weißkraut

Weißkraut geröstet

1 Kopf Weißkraut (600 – 800 g)	achteln, den Strunk herausschneiden und in
1 l Gemüsebrühe	gut 10 Minuten dünsten. Mit einem Schaumlöffel herausnehmen und gut abtropfen lassen.
1 rote Zwiebel	kleinschneiden, mit
Zwiebelsamen, Kreuzkümmel, 30 g Buchweizen	in
50 g Butter oder Öl	einige Minuten in einem flachen Topf rösten, den Kohl dazugeben und unter mehrmaligem Wenden hellbraun anbraten. Mit
Kümmel, Pfeffer	würzen und sofort servieren.

Mögen Sie Mariniertes? Wenn ja, dann habe ich das Richtige für Sie. Wenn nein, dann sollten Sie einmal Broccoli probieren, und wenn Sie ein solches Gericht noch nicht kennen, dann müssen Sie es einfach probieren.

Broccoli in Vinaigrette

750 g Broccoli	putzen, in kleine Röschen teilen, dickere Stengel schälen und gegebenenfalls halbieren, in
Gemüsebrühe	mit
1 EL Obstessig	gut 10 Minuten kochen. In der Zwischenzeit
6 EL Sonnenblumenöl	mit
2 EL Senf,	
3 EL Weinessig,	
Kräutersalz, Pfeffer,	
1 TL Honig	gut verrühren.
1 Zwiebel	fein würfeln,
je ½ Bund Petersilie,	
Schnittlauch	und
etwas Dill, Estragon	sowie
2 hartgekochte Eier	fein hacken.
2 Tomaten	häuten und würfeln,
1 Gewürzgurke	in Scheiben schneiden. Alles zu der Essig-Öl-Mischung geben und gut verrühren. Dann über den gekochten Broccoli geben und gut 20 Minuten ziehen lassen. Mit Vollkorntoast und Butter oder zu Bratlingen servieren.

TIP: Ohne Eier erhalten Sie die tierisch eiweißfreie Variante.

Ein typisch schwäbischer Eintopf, der sich besonders gut zur Resteverwertung eignet, ist der

Gaisburger Marsch

150 g Kartoffeln	in kleine Würfel schneiden und in
1,5 l Gemüsebrühe	in gut 15 Minuten weichkochen. In dieser Zeit
150 g Möhren, 150 g Sellerie	ebenfalls in Würfel schneiden und in die Gemüsebrühe geben. Anschließend
1 Stange Lauch	kleinschneiden und zufügen. Das ganze Gemüse »al dente« dünsten. Mit
Kräutersalz, Muskatnuß, Pfeffer	würzen.
250 g fertige Vollkornspätzle	in den Eintopf geben.
1 Zwiebel	in dünne Scheiben schneiden, in
1 EL Butter	anbraten und mit fein geschnittener
Petersilie	und
Liebstöckel	über den Eintopf geben.

TIP: Getrocknete oder gekaufte Spätzle können Sie auch in der Brühe nach Vorschrift mit weichkochen. Das geht schneller, als sie selbst vorher zuzubereiten.

TIP: Man kann auch noch 150 g Tofu in kleine Würfel schneiden, in Butter oder Öl auf allen Seiten anbraten und kurz vor dem Servieren in den Eintopf geben.

Nun noch ein typisch indischer Eintopf:

Rettich-Kartoffel-Gemüse

5 EL Butter oder Öl	erhitzen,
2 Chilischoten	darin kurz anbraten,
2 Lorbeerblätter,	
Kreuzkümmel,	
Zwiebelsamen, Kurkuma,	
Chilipulver, Salz	und
1 TL Honig	zufügen.
4 Kartoffeln	würfeln, mitbraten. Dann
125 ml Gemüsebrühe	zufügen und die Kartoffeln garkochen.
4 rote Rettiche	in 2 cm dicke Scheiben schneiden und nach 5 Minuten den Kartoffeln beifügen. Mit
Kardamom, Nelken, Zimt	bestreuen und servieren.

TIP: Sie können auch noch Erbsen zufügen.

Dazu paßt am besten Raita (indisch) oder Zaziki (griechisch) oder auf deutsch Joghurt mit Gurken. Denn damit können Sie die Schärfe des Eintopfes nach Belieben mildern.

Joghurtcreme mit Gurken

100 g Gurke	fein raspeln, in
150 g Joghurt	geben, mit
Kräutersalz, Pfeffer,	
Paprika	würzen und alles gut verrühren.

TIP: Sie können auch noch ganz kleine Tomaten- oder rote Paprikastückchen zufügen.

Aus der Pfanne und dem Ofen

Manchmal fällt mir beim Schreiben eines Kochbuches die Formulierung der Kapitelüberschriften am schwersten. In vielen Fällen ergeben sie sich von selbst, doch manchmal sucht man lange vergebens nach dem zündenden Begriff und entscheidet sich dann endlich für einen pragmatischen Ausdruck, wie in diesem Falle.

Ganz schnell, ganz ohne Gewürze und ganz toll im Geschmack, gibt es das überhaupt?
Die Gäste in meinem Restaurant »Salatschüssel« haben immer wieder gefragt: »Womit haben Sie die Sellerie eigentlich gewürzt?« und waren ganz ungläubig, wenn ich ihnen versicherte: »Mit nichts«. Wenn Sie es nicht glauben, probieren Sie es doch einfach aus.

Gebratene Selleriescheiben

1 mittelgroße Sellerie	putzen und in 1 cm dicke Scheiben schneiden. In einer Pfanne
2 – 3 EL Öl	erhitzen und die Selleriescheiben auf jeder Seite 3 – 4 Minuten anbraten. Fertig!

TIP: Servieren Sie die Selleriescheiben mit Salat, Reis und einer Knoblauch-Joghurt-Sauce! Oder mit einer

Haferflockenhaube

500 ml Gemüsebrühe	erhitzen,
100 g Lauch	in feine Ringe schneiden und in die Gemüsebrühe geben,
100 g Haferflocken	einstreuen, kurz aufkochen und etwas ausquellen lassen.
2 Tomaten	halbieren, kurz in
Butter oder Öl	anbraten. Die Flockenmasse auf die heißen Selleriescheiben geben und mit den halben Tomaten belegen.

Etwas aufwendiger, aber nichtsdestoweniger gut sind

Panierte Sellerieschnitzel

1 Sellerie	putzen, in 1 cm dicke Scheiben schneiden, in
Gemüsebrühe	5 Minuten andünsten.
1 Ei	mit
Pfeffer, Salz	verquirlen. Die Scheiben zunächst in dieser Masse, dann in
Vollkornsemmelbrösel	wenden. Panade gut andrücken.
2 EL Erdnußöl	in einer Pfanne erhitzen und die Sellerie-scheiben auf beiden Seiten anbraten.

Darf es wieder einmal ein Abstecher nach Indien sein?

Gebratene Zucchinischeiben

150 g Kichererbsen	fein mahlen, mit
gut 200 ml Wasser	zu einem zähflüssigen Teig verrühren, mit
Chili, Kurkuma, Paprika, Ingwer, Pfeffer, Kräutersalz	gut würzen, einige Minuten quellen lassen.
1 mittlere Zucchini	in knapp 5 mm breite Scheiben schneiden.
Erdnußöl	in einer Pfanne erhitzen, die Zucchinischeiben in den Teig tauchen, in der Pfanne auf beiden Seiten braten und sofort servieren.

TIP: Ich schreibe hier einfach: *»die Kichererbsen mahlen«,* und dann sind die getrockneten Kichererbsen zu groß für die Öffnung in der Mühle.
Soll man deshalb darauf verzichten? Keineswegs, ich zerkleinere die Bohnen grob im Mixer oder der Küchenmaschine und mahle sie dann fein.

TIP: Als Vorspeise eignet sich das Gericht besonders mit Chutney oder auch einer süßscharfen Sauce.

TIP: Sie können die Zucchini auch grob raspeln, mit Zwiebel, Möhren o. ä. mischen, in den Teig geben und alles gut durchmischen. Mit einem Löffel in die Pfanne geben, glattdrücken und auf beiden Seiten ausbacken.

TIP: Genauso gut schmecken auch Auberginenscheiben. Wenn Sie diese aber nicht ganz so knackig lieben, sollten Sie die Scheiben entweder dünner machen, kurz andünsten oder beidseitig mit Salz bestreuen, einige Minuten einwirken lassen und dann abspülen. Dann wie die Zucchini braten.

TIP: Statt in der Pfanne können Sie die Scheiben im schwimmendem Fett ausbacken.

Hier noch ein Chutney-Rezept:

Pfirsich-Chutney

1 Pfirsich	und
1 Zwiebel	in Scheiben schneiden. Mit
20 g kernlosen Rosinen, 50 g Honig	unter Rühren aufkochen, 5 Minuten köcheln lassen, dann
100 ml Weinessig, 10 g kleingeschnittenen Ingwer, Chilipulver, Safran	zugeben, 15 Minuten köcheln lassen, pürieren und abschmecken.

TIP: Im Schraubglas gekühlt aufbewahrt ist dieser Chutney gut eine Woche haltbar.

Eines meiner Lieblingsgemüse ist der Kürbis, am besten finde ich den gelb-roten Hokkaidokürbis, den ich schon bei der Suppe verwendet habe. Hier wird er als Kürbisschnitzel gebraten.

Kürbisschnitzel

750 g Kürbis	schälen, entkernen und grob würfeln. Mit wenig
Gemüsebrühe	gut 5 Minuten dünsten, ohne die Flüssigkeit pürieren oder durch eine Spätzles- oder Kartoffelpresse drücken. Mit
100 g Maisgrieß,	
30 g Rosinen	und
1 Ei	mischen. Mit
1 TL Honig,	
1 EL Essig,	
1 TL Sojasauce,	
Muskat, Pfeffer	und einem
Hauch Zimt	würzen.
Erdnußöl	in der Pfanne erhitzen, den Teig portionsweise mit einem Löffel als Fladen in die Pfanne geben und langsam auf beiden Seiten ausbacken.

TIP: Dazu passen Kartoffeln, aber keine Salzkartoffeln, sondern am besten kreolische oder afrikanische Kartoffeln (siehe Seite 98/99). Und wenn Sie noch etwas Sauce dazu mögen, bietet sich eine Nußsauce an (siehe Seite 108).

Zu Bratlingen paßt immer Salat oder kurz gebratenes Gemüse. Auch mit Senf oder Chutney oder einer pikanten Soße sind Bratlinge ein Genuß. Sie schmecken warm oder kalt und mir besonders gut, wenn wir auf einer Tageswanderung in der freien Natur an einem idyllischen Platz eine Rast einlegen und ich sie direkt aus der Hand essen kann.

Schwäbische Getreidebratlinge

300 g Gemüsebrühe	mit
2 Lorbeerblättern, Majoran	aufkochen.
150 g Roggen	mittelgrob schroten und in die Gemüsebrühe geben, 5 Minuten köcheln und dann einige Minuten quellen lassen. Wenn die Masse leicht abgekühlt ist, Lorbeerblatt entfernen und
1 – 2 Eier, Salz, Pfeffer, Petersilie	unterrühren. Küchle knapp 1 cm dick formen.
50 g Haselnüsse	fein mahlen, Küchle darin wälzen und in
Öl	auf beiden Seiten einige Minuten braten.
1 Apfel	in Scheiben schneiden, diese kurz in Butter anbraten, die fertigen Küchle damit belegen.
30 g Käse	reiben und über die Küchle streuen und noch 2 – 3 Minuten im Grill oder Backofen überbacken.

TIP: Dauert Ihnen das zu lange? Dann lassen Sie einfach das Überbacken weg. Immer noch zuviel? Dann verzichten Sie auf den Apfel, und noch schneller geht es, wenn Sie die Nüsse und/oder den Käse gleich in den Teig geben.

Natürlich geht es auch tierisch eiweißfrei:

Getreidebratlinge

250 g Getreide	grob schroten, soviel
kaltes Wasser	zugeben, daß das Getreide gut bedeckt ist, verrühren und einige Minuten quellen lassen. Mit
1 – 2 EL Tomatenmark, 1 zerdrückten Knoblauchzehe, Majoran, Oregano, edelsüßem Paprika, Cayennepfeffer, Salz, Pfeffer	kräftig würzen.
1 Zwiebel	sehr fein schneiden und
200 g Nüsse	fein reiben. Alles gut verkneten. Kleine Küchle formen und auf beiden Seiten in
heißem Öl	braten.

TIP: Probieren Sie dazu doch einmal ein Gemüsepüree, vielleicht mit Weißkraut (siehe Seite 64).

TIP: Sie können je nach Wunsch eine Mischung aus verschiedenen Getreidesorten oder auch nur eine einzige wählen, ich selbst bevorzuge auch hier Roggen.

Quark-Parmesan-Puffer

150 g Weizen	fein mahlen, mit
80 g geriebenem Parmesan,	
150 g Quark	und
1 Ei	verkneten, Teig 10 Minuten ruhen lassen.
100 g saure Sahne	zugeben und mit
grob zerstoßenem Koriander,	
Kümmel, Fenchel, Salz	würzen. Puffer formen und in der Pfanne auf beiden Seiten anbraten.

TIP: Wenn Sie einmal eine größere Menge Küchle, Bratlinge oder Puffer machen wollen, können Sie diese auch auf ein gefettetes Backblech legen und je nach Dicke 20 – 30 Minuten backen. Allerdings brate ich sie des Geschmackes wegen zusätzlich noch kurz in der Pfanne an.

Einfach und attraktiv und auch schnell gemacht sind die gebratenen oder panierten Polentascheiben. Erstere sind tierisch eiweißfrei und passen zu Gemüse und Salaten, sie schmecken aber auch besonders fein mit einem Dip, mit Chutney oder Mixed Pickles.

Gebratene Polentascheiben

Knapp 500 ml Gemüsebrühe	aufkochen,
200 g Polenta	einrühren, einige Minuten unter Rühren köcheln lassen, dann ca. 10 Minuten auf der ausgeschalteten Platte quellen lassen.
50 g Haselnüsse	mahlen und unterrühren. Ein Backblech mit kaltem Wasser abspülen, Polenta ca. 1 cm dick daraufstreichen, etwas andrücken und erkalten lassen. Polenta in Rauten schneiden und in wenig
Öl	auf beiden Seiten ausbacken. Warm servieren.

Panierte Polentascheiben

Polenta	als Rauten, wie oben beschrieben, vorbereiten. Vor dem Braten
1 – 2 Eier	verquirlen, die Polentarauten darin wenden, anschließend in
Vollkornbrösel	wenden und braten.

TIP: Statt Vollkornbrösel allein kann man diese auch mit gemahlenen Haselnüssen mischen.

Pfannkuchen sind natürlich auch sehr schnelle Gerichte, vor allem wenn man mit zwei Pfannen gleichzeitig arbeitet. Gleichzeitig sind der Phantasie kaum Grenzen gesetzt, wie das folgende Rezept zeigt.

Rote Bete-Pfannkuchen mit Schwarzwurzeln

100 g rote Bete	kleinschneiden und mit etwas
Wasser	pürieren.
250 g Weizen	fein mahlen, mit
2 Eiern, Salz,	
500 ml Milch,	und der pürierten rote Bete verrühren.
	Nach und nach knapp
250 ml Mineralwasser	zufügen, bis ein flüssiger Teig entsteht.
Öl oder Fett	in der Pfanne erhitzen, Teig löffelweise in die Pfanne geben und verteilen. Bei nicht zu hoher Hitze auf beiden Seiten backen und warmhalten.
	In der Zwischenzeit
800 g Schwarzwurzeln	schälen und sofort in
Essigwasser	legen, bis alle geschält sind, dann in
750 ml Gemüsebrühe	15 – 20 Minuten garen.
	Pfannkuchen jeweils zur Hälfte mit Schwarzwurzeln belegen, dann die zweite Hälfte darüberklappen und mit Kräutern servieren.

TIP: Ich arbeite ungern mit Gummihandschuhen, doch ich verwende sie beim Schälen der Schwarzwurzeln, um klebrige und fleckige Hände, die schwer zu reinigen sind, zu vermeiden.

TIP: Bei zu großer Hitze brennt der Pfannkuchen leicht an.

TIP: Sie können statt roter Bete auch Kürbis, geraspelte Zucchini oder Möhren verwenden.

Schmarrn werden üblicherweise der österreichischen Küche zugerechnet, aber auch bei uns in Schwaben wird man fündig, nur heißt es bei uns anders und wird meist pikant gegessen:

Schwäbischer Eierhaber

250 g Weizen	fein mahlen, mit
Salz, Muskat	vermischen und mit
250 ml Milch	glatt rühren.
3 Eier	trennen, Eigelb mit
125 ml Milch	verrühren. Eiweiß steif schlagen, beides nach und nach unter den Teig heben. In einer Pfanne
Butter	erhitzen, Teig portionsweise hineingeben. Den Eierkuchen auf beiden Seiten goldgelb backen, mit dem Wender in Stücke zerreißen. Die Stücke kurz weiterbraten. Ebenso mit dem restlichen Teig verfahren. Mit Salat oder Gemüse servieren.

TIP: Geben Sie 1 EL Honig in den Teig und noch eine Handvoll Rosinen, und Sie haben einen Kaiserschmarrn, zu dem Sie am besten Zwetschgenkompott servieren.

Wie wäre es einmal mit Omelette?

Wirsingomelette

100 g Zwiebel	fein hacken und in
2 EL Öl	in einer großen Pfanne andünsten.
1 Tomate	würfeln,
600 g Wirsing	in 2 cm breite Streifen schneiden, dabei die Kohlrippen flach schneiden, beides zu den Zwiebeln geben und 10 Minuten dünsten. Der Wirsing sollte noch knackig sein. Mit
30 g Butter, Majoran, Koriander, Muskat	würzen,
4 Eier	mit
3 – 4 EL Milch	verquirlen, über den Wirsing gießen und die Eier zugedeckt stocken lassen.

TIP: Statt Wirsing können Sie natürlich auch anderes Gemüse verwenden.

Beim folgenden Gericht aus Dänemark ist schon der Name eine Liebeserklärung, und so schmeckt das Gericht auch, denn »*jeg elsker dig*« heißt »ich liebe dich«.

Eierpfanne elsker dig

2 Gewürzgurken	in Scheiben schneiden,
150 g dänischen Steppenkäse	würfeln.
4 Eier	mit
2 EL Sahne, Salz, Pfeffer	verquirlen.
2 EL Dill	fein hacken,
2 EL Schnittlauch	fein schneiden, mit
1 TL kleingeschnittenem Bohnenkraut	und den Gurken und dem Käse zu den Eiern geben. In einer Pfanne
Butter	erhitzen, die Eier-Käse-Mischung hineingeben und zugedeckt 10 Minuten stocken lassen. In der Zwischenzeit
2 Tomaten	in heißem Wasser ziehen lassen, dann häuten und anschließend vierteln, auf die gestockte Masse geben und noch einige Minuten mitbraten.
1 EL Schnittlauch	kleinschneiden und garnieren. Mit Salat und Vollkornknäckebrot servieren.

Vielleicht hier einige Worte zu vegetarischen Gerichten in Gaststätten. Sie sind überwiegend geprägt von Ideen- und Lieblosigkeit und beschränken sich oft auf Salat und Gemüseplatte, teilweise mit fast zur Unkenntlichkeit zerkochtem Gemüse. Ein Lichtblick stellt es dann schon dar, wenn man noch Nudeln oder Spaghetti mit Gemüse erhält.
So weit reichte z. B. gerade noch die Phantasie des Küchenchefs eines der besten Restaurants in Wien, obwohl für ein Diner schon vorher zwei Vegetarier angekündigt waren.

Eigentlich schade und deshalb genießen wir es besonders, wenn sich ein Koch oder eine Köchin die Mühe macht und die Phantasie hat, interessante vegetarische Gerichte anzubieten oder auf Wunsch zuzubereiten. So haben wir es dieses Jahr im Urlaub im Hotel »Hollerbusch« in Feldberg (Vorpommern) erlebt oder in einem vegetarischen Restaurant ist Wien, in dem ich das folgende Gericht genießen konnte:

Wenn Sie die Hirse schon vorgekocht haben, geht es ganz schnell, doch auch ohne diese Vorbereitung dauert es nicht sehr lange.

Hirse-Gröstel mit Paprika-Tartar

250 g Hirse 700 ml Wasser	mit heißen Wasser abspülen, dann in ca. 15 Minuten kochen, bis das ganze Wasser aufgesaugt ist.
2 Fenchelknollen	in ca. 5 mm breite Streifen schneiden,
1 Stange Lauch	in schmale Streifen schneiden,
200 g Broccoli	in Röschen teilen, die Stengel schälen und in 3 – 4 cm lange Stücke schneiden.
3 EL Butter oder Öl	erhitzen, das Gemüse hineingeben, Deckel auf die Pfanne legen und unter gelegentlichem Rühren gut 5 Minuten braten. Die Hirse dazugeben, eventuell noch etwas Butter zugeben und weitere 5 Minuten braten. Mit
1 EL körniger Gemüsebrühe, Salz, Pfeffer, Paprika	würzen. Auf einen Teller geben, in die Mitte eine Kuhle drücken, 1 – 2 EL Paprika-Tartar hineingeben und mit fein geschnittener Petersilie oder mit Schnittlauch garnieren.

Paprika-Tartar

1 große rote Paprika	in Stücke schneiden, das Kerngehäuse herausschneiden und mit
½ kleinen Zwiebel	und
1 kleinen Stück frischen Ingwer	pürieren.
	Mit
Salz, Pfeffer, Paprika	und
Chili	würzen.
	Zum Hirse-Gröstel servieren.

Besonders interessant ist immer wieder gebratener oder gebackener Käse. Neben Schafskäse oder Camembert eignet sich auch italienischer Mozzarella.

Gebratener Mozzarella

300 g Mozzarella	in etwa 5 mm dicke Scheiben schneiden.
1 kleinen Bund Petersilie	fein hacken, mit
100 g Paniermehl	vermischen.
2 Eier	mit
Salz, Pfeffer, 1 EL Wasser	leicht verquirlen.
4 EL Weizen	fein mahlen. Die Käsescheiben zuerst in Mehl, dann in Ei und zuletzt in Paniermehl wenden, dabei auch die Kanten berücksichtigen. Auf beiden Seiten anbraten.

Wenn es wenig Arbeit machen soll, kann man in der Schweizer Küche fündig werden. Das nächste Gericht paßt gut nach einem Salat.

Ramequin

4 Scheiben Vollkorntoastbrot	kurz toasten oder in der Pfanne in wenig Butter anrösten. Jede Scheibe mit etwas
Milch	beträufeln. Die Brote mit
4 Scheiben Emmentaler	belegen und mit
rotem Paprika	bestreuen und schräg in eine gefettete feuerfeste Form schichten.
2 Eier	trennen, Eigelb mit je
125 ml Milch	und
125 ml Sahne	verquirlen und mit
Kräutersalz, Muskat	würzen.
2 Eiweiß	steif schlagen und unterziehen. Masse über die Brote geben und gut 20 Minuten backen.

Aufläufe eignen sich durch den Aufwand und die lange Backzeit nicht für dieses Buch, doch Gratins lassen sich immer mal wieder ziemlich schnell kochen.

Nudel-Sauerkraut-Gratin

300 g Vollkornnudeln	in 8 – 10 Minuten garkochen.
1 Zwiebel	fein hacken,
1 Knoblauchzehe	durchpressen, beides in
Öl	anbraten.
300 g Sauerkraut	kleinschneiden und kurz mit den Zwiebeln mitdünsten.
150 g Käse	reiben. Eine Auflaufform einfetten, abwechselnd Sauerkraut, Nudeln und Käse einfüllen.
150 g saure Sahne	darübergießen und bei 200° C 20 – 30 Minuten überbacken.

Noch eines der Rezepte, das in der »Salatschüssel« besonders gerne gegessen wurde. Der dabei verwendete Lauch eignet sich für viele Gerichte ganz ausgezeichnet.

Lauch überbacken

500 g Lauch	der Länge nach halbieren, in
Wasser	kurz andünsten, mit
Muskat, Pfeffer, Salz	würzen. Herausnehmen und abtropfen lassen. Das Kochwasser als Grundlage für eine Tomatensauce verwenden. Eine feuerfeste Form einfetten, die Lauchstangen hineinlegen.
2 – 3 Eigelb	mit
knapp 100 ml Milch,	
Salz, Muskat	verquirlen und über den Lauch gießen.
50 g Emmentaler	fein reiben, mit
2 EL Semmelbröseln	mischen und darüberstreuen.
2 EL Butter	in kleinen Flöckchen daraufsetzen, im Backofen bei 200° C ca. 15 – 20 Minuten backen. Mit
Petersilie	garnieren.

Dazu passen Tomatensauce und gekochtes Getreide, Kartoffeln oder Nudeln.

Kartoffelgerichte

Kartoffeln in einem Buch mit schnellen Gerichten. Ist das nicht ein Widerspruch? Es dauert doch so lange, bis sie endlich gar sind, dann müssen Sie auch noch weiterverarbeitet werden, und dies dauert dann auch wieder seine Zeit. Dieser Einwand ist im Prinzip berechtigt, doch lassen Sie sich überraschen.

Wenn ich Kartoffeln koche, nehme ich immer die doppelte Menge, damit ich am nächsten Tag die Zeit zum Kochen spare.

Das folgende Rezept ist eines der einfachste Gericht überhaupt und zugleich eines meiner Lieblingsgerichte. Es ist so einfach, daß man es eigentlich kaum beschreiben muß, doch einige Hinweise möchte ich doch dazugeben.

Spreewälder Pellkartoffeln

500 g Kartoffeln	ungeschält in Salzwasser in gut 20 – 25 Minuten garkochen und mit der Pelle servieren. In der Zwischenzeit
250 g Quark	mit
4 EL Sahne	verrühren,
1 kleine Zwiebel	und
Schnittlauch	kleinschneiden, zum Quark geben und mit
körniger Gemüsebrühe, Salz, Pfeffer, gemahlenem Kümmel	würzen. Die Kartoffeln mit dem Quark servieren. Auf jeden Teller noch
einen Klacks Butter	und
1 – 2 Spreewälder Gurken	geben. Zum Servieren wird eine Flasche
Leinöl	auf den Tisch gestellt und jeder gibt nach seinem Geschmack Leinöl über die Kartoffeln.

Einfach traumhaft schmeckt das

Kartoffelgulasch

1 kg Kartoffeln	mit der Schale in kleine Würfel schneiden, in
500 ml Gemüsebrühe	aufkochen und gut 20 Minuten köcheln lassen. In der Zwischenzeit
200 g Zwiebeln	fein würfeln,
300 g Paprika	in Streifen schneiden,
1 Peperoni	sehr fein schneiden,
1 Knoblauchzehe	zerdrücken oder sehr fein schneiden und alles in
4 EL Olivenöl	anbraten. Nach gut 15 Minuten zu den Kartoffeln geben. Mit
Majoran	würzen.

TIP: Vor dem Servieren noch 2 EL saure Sahne oder Creme fraîche unterziehen.

Wenn Sie gleich mehr Kartoffeln gekocht haben, können Sie ein originelles Rezept aus der Schweiz kochen. Es geht auch mit frisch gekochten Kartoffeln, die Sie noch heiß weiterverarbeiten können, falls Sie dafür genügend Zeit haben.

Kartoffelpfluten

4 Zwiebeln	in Ringe schneiden und in
30 g Butter	einige Minuten anbraten.
800 g Pellkartoffeln	schälen und durch eine Kartoffel- oder Spätzlespresse drücken.
50 g Emmentaler	reiben.
125 ml Milch	in einem großen Topf erhitzen,
20 g Vollkornmehl	einrühren, nach und nach die Kartoffelmasse und den Käse einrühren und mit
Kräutersalz, Muskatnuß	würzen.
	Eine Auflaufform einfetten,
30 g Butter	erhitzen, 2 Teelöffel in heiße Butter tauchen, mit den Löffeln Klöße vom Kartoffelteig abstechen und nebeneinander in die Auflaufform geben. Zwiebelringe darüberlegen und mit schäumender Butter übergießen. Im Ofen ca. 15 Minuten überbacken. In der Zwischenzeit
3 Äpfel	entkernen, in kleine Stücke schneiden und in wenig
Wasser oder Saft	einige Minuten weichdünsten. Mit etwas Zimt verfeinern und zu den Pfluten servieren.

TIP: Nicht ganz so vollwertig ist es, wenn man die Äpfel zuerst schält, aber mir schmeckt es ohne die gekochten Apfelschalen besser.

TIP: Schneller geht es mit fertigem Apfelmus, allerdings sollte es am besten ungesüßt oder nur mit wenig Honig gesüßt sein, es schmeckt warm oder kalt zu den Pfluten.

TIP: Einen besonderen Pfiff erhält das Rezept, wenn Sie die Pfluten zusätzlich mit in Butter und körniger Gemüsebrühe angebratenen Buchweizenkörnern bestreuen.

TIP: Statt Emmentaler können Sie natürlich auch andere Käsesorten verwenden. Noch feiner wird es, wenn Sie die Milch durch Sahne ersetzen.

Kartoffeln und Obst sind eine sehr leckere Kombination, wie die beiden nächsten Rezepte eindrucksvoll beweisen. Das sind Gerichte, zu denen ich eigentlich keine Beilage mehr benötige.

Kreolische Kartoffeln

750 g gekochte Kartoffeln	schälen und in Scheiben schneiden. Von
½ Zitrone	und
½ Orange,	natürlich beide unbehandelt, die Schale reiben.
300 g Ananas,	
1 – 2 Orangen	kleinwürfeln, die Würfel etwas auspressen und den Saft auffangen. Ein Auflaufform einfetten, die Kartoffeln mit den Obstwürfeln mischen und in die Form schichten.
80 g Butter oder Öl	leicht erhitzen, mit dem aufgefangenen Obstsaft, dem Saft einer
½ Zitrone	und den abgeriebenen Schalen mischen, mit
Salz, Piment, Nelken	würzen, über die Kartoffel-Obstmischung geben und bei 200° C ca. 15 Minuten backen.

Wenn man Obst in pikanten Gerichten verwendet, darf ein Rezept mit Bananen natürlich nicht fehlen.

Bratkartoffeln afrikanisch

1 Zwiebel	würfeln, mit
50 g Buchweizen	in einer Pfanne in
Butter oder Öl	und
1 TL körniger Brühe	anrösten.
500 g Pellkartoffeln	schälen und in dünne Scheiben schneiden, zu den Zwiebeln geben und auf beiden Seiten anbraten.
1 Banane	in Scheiben schneiden, zu den Kartoffeln geben und einige Minuten mitbraten.

Kartoffelpüree ist etwas ganz Einfaches und Alltägliches. Überbacken und verfeinert ist das

Kartoffelpüree amerikanisch

700 g Kartoffeln Salzwasser	schälen und vierteln, in einem Topf mit gut 15 Minuten kochen. Wasser abgießen, Kartoffeln abtrocknen, durch eine Presse drücken,
160 ml heiße Milch 20 g Butter Salz	und unterrühren, mit abschmecken und gut durchschlagen. In eine eingefettete feuerfeste Form bergartig einschichten.
100 ml Sahne 30 g Parmesan	nicht ganz steif schlagen, unterziehen und über die Kartoffeln geben. Im Ofen bei 200° C gut 10 Minuten backen. Zu Gemüse servieren.

Vielseitig verwendbar, mal süß mit Apfelmus und Sahne, mal pikant zu Gemüse oder Salat sind die Kartoffelpuffer, nachfolgend die schnellste Variante:

Kartoffelpuffer

500 g Kartoffeln	schälen und jede Kartoffel sofort in kaltes Wasser legen.
1 kleine Zwiebel	achteln.
1 Ei	in den Mixer geben, diesen kurz anlaufen lassen. Dann die Kartoffeln abtrocknen, vierteln, mit der Zwiebel in den Mixer geben und alles zerkleinern. Mit etwas
Salz	würzen. In der Zwischenzeit
Erdnußöl	in der Pfanne erhitzen, Teig löffelweise in die Pfanne geben, zu dünnen Fladen verstreichen und auf jeder Seite in 3 – 5 Minuten goldbraun ausbacken.

TIP: Fügen Sie für eine pikante Variante 2 Eier und 100 g Buchweizen zu.

Kartoffelpuffer mit geriebenen Kartoffeln – wie im nächsten Rezept – schmecken vielleicht noch etwas besser, aber es dauert länger und wenn man nicht aufpaßt, können sich die geschälten, rohen Kartoffeln durch die Luft verfärben und sehen dann nicht mehr ganz so lecker aus.

Quark-Kartoffelpuffer

3 EL Buchweizen	fein mahlen,
1 Zwiebel	fein reiben.
500 g Kartoffeln	schälen und bis zum Reiben in kaltes Wasser legen. Die geschälten Kartoffeln reiben, sofort mit der Zwiebel in
200 g Quark	geben und jeweils sofort umrühren. Das Buchweizenmehl zugeben und mit
Salz	würzen.
Öl	in der Pfanne erhitzen, den Teig löffelweise in die Pfanne geben, zu dünnen Puffern verstreichen und von beiden Seiten einige Minuten ausbacken und heiß servieren.

Sowohl bei den italienischen mit Käse überbackenen Gnocchi als auch bei den schwäbischen Schupfnudeln mit Sauerkraut bilden gekochte und geriebene Kartoffeln den zentralen Bestandteil, der um mehr oder weniger Vollkornmehl und Eier ergänzt wird. Nur ist die Form anders, die Gnocchi sind klein und meist oval, die Schupfnudeln eher länglich und dünn. Als Schwabe wäre ich eigentlich verpflichtet, Ihnen das Schupfnudelrezept zu präsentieren, aber vielleicht klingt Gnocchi interessanter.

Gnocchi

280 g Weizen	fein mahlen.
500 g gekochte, mehlige Kartoffeln	schälen und durch eine Presse drücken. Kartoffeln und Mehl mit
Salz, 1 kleinem Ei	zu einem glatten Teig verarbeiten, Teig zu einer oder zwei Rollen mit 2 – 3 cm Durchmesser formen und mit einem scharfen Messer in 1 cm dicke Scheiben schneiden.
1,5 l Salzwasser	aufkochen, Gnocchi hineingeben und in sprudelndem Wasser 5 – 8 Minuten kochen, bis sie durch und durch gar sind. Mit dem Schaumlöffel herausnehmen und abtropfen lassen.

TIP: Mit einer Käsesauce – ich bevorzuge als Grundlage Gorgonzola – servieren oder in einer Auflaufform mit Parmesan oder Emmentaler überbacken.

TIP: Bei den Schupfnudeln nehmen Sie nur 2 – 3 EL Vollkornmehl und formen ganz dünne Röllchen. Entweder einzeln oder mit Sauerkraut anbraten; natürlich kann man sie auch mit Käse überbacken.

Saucen

Saucen sind bei einem Gericht wie das »Tüpfelchen auf dem i«, das Sahnehäubchen oder der besondere Pfiff, der aus einem einfachen Gericht etwas ganz Besonderes macht. Und die Grundrezepte lassen sich so leicht mit unterschiedlichen Kräutern oder Gewürzen variieren.

Knoblauch-Joghurtsauce

150 g Joghurt	mit
3 – 4 EL Sahne	verrühren.
2 – 3 Knoblauchzehen	durch die Presse drücken.
Pfeffer, Kräutersalz,	
Paprika, Chilipulver,	
1 TL Kurkuma	sowie
1 TL Kerbel	zugeben und alles gut verrühren. Sofort servieren.

Tip: Mit Kurkuma können Sie die Farbe der Sauce beeinflussen: Wenn Sie etwas mehr als beschrieben nehmen, erhalten Sie – statt cremefarben – ein mehr oder weniger intensives Gelb, bei Verzicht auf Kurkuma erhalten sie natürlich eine weiße Farbe.

Wählen Sie die für jedes Gericht die optimale Farbe, denn auch das Auge ißt mit.

Pikante Rahmsauce

60 g Weizen	fein mahlen und unter Rühren in einem Topf ohne Fett rösten.
1 kleine Zwiebel	sehr fein hacken, in
40 g Butter	glasig braten, dann
500 ml Gemüsebrühe	zufügen und das Weizenmehl mit dem Schneebesen einrühren. Mit
1 Lorbeerblatt	2 Minuten kochen und einige Minuten quellen lassen. Das Lorbeerblatt herausnehmen,
8 EL Sahne	unterziehen und mit
Worcestersauce	abschmecken.

Korsische Tomatensauce

2 Zwiebeln	und
2 Knoblauchzehen	hacken, in
4 EL Olivenöl	andünsten. Von
10 Tomaten	die Haut abziehen. Die Tomaten vierteln, mit
2 Lorbeerblättern, Oregano, abgeriebener Schale einer halben Zitrone, Kräutersalz, Pfeffer	und
6 EL Gemüsebrühe	aufkochen und ca. 10 Minuten köcheln lassen. Zum Schluß noch
1 EL Sojasauce	unterziehen und servieren.

Zwiebelsauce

1 – 2 Zwiebeln	fein würfeln, in
Butter oder Öl	glasig braten.
30 g Grünkernmehl	zugeben und kurz mitrösten.
500 ml Gemüsebrühe	unter Rühren zugeben, aufkochen, gut 5 – 10 Minuten kochen und nach Wunsch pürieren.

TIP: Etwas milder wird die Sauce mit einem Schuß Sahne. Etwas geriebener Ingwer gibt der Sauce noch einen besonderen Pfiff.

Nußsauce

75 g Haselnüsse	und
75 g Mandeln	fein reiben und in etwas
Butter	kurz anbraten.
250 ml Buttermilch	zugeben, unter ständigem Rühren leicht erhitzen und servieren.

Zu Küchle, Bratlingen usw. paßt immer ein Chutney. Die Schärfe können Sie beliebig variieren; ich bevorzuge eine scharfe Version.

Tomaten-Zwiebel-Chutney

250 g Tomaten	halbieren,
1 Zwiebel	würfeln,
50 g Ingwer	reiben.
	Alles mit
1 EL Honig	in einen Topf geben, ca. 10 Minuten köcheln lassen, wenn nötig
1 – 2 EL Wasser	zugeben, mit
Kreuzkümmel, Fenchel,	
Kurkuma, Chili	und dem
Saft einer halben Zitrone	würzen, dann pürieren und erkalten lassen.

TIP: Statt der Zwiebel können Sie auch 100 g Trockenobst, am besten Zwetschgen, verwenden; dann kann man auf den Honig verzichten.

Süßes und Gebäck

Wenn Sie meine anderen Kochbücher schon kennen, dann wissen Sie, daß das folgende Kapitel mir ganz besonders am Herzen liegt. Denn ich bin nun mal ein »Süßer«, wie man bei uns zu sagen pflegt. Im Rahmen einer ausgewogenen Ernährung ist mit vollwertigen Süßspeisen ein Genuß auch ohne Reue möglich.

Viele denken, daß Brei nur etwas für Babies und Kinder sei, aber doch nichts für Erwachsene. Nun, dann bin ich gerne manchmal noch ein Kind und genieße meinen

Grießbrei spezial

15 g frischen Ingwer	schälen und reiben. In
1 l Milch	geben und diese langsam erhitzen, damit der Ingwer seinen Geschmack besser entwickeln kann.
80 g Honig	zugeben, und wenn die Milch aufgekocht ist,
150 g Vollkornweizengrieß,	
50 g Kokosraspeln	und
20 g Sonnenblumenkerne	einrühren. Mit
Zimt	würzen. So lange weiterrühren, bis die Masse fest wird, und den Topf vom Herd nehmen.
	Während die Milch aufkocht,
200 g Früchte,	
z. B. Erdbeeren,	pürieren und zum warmen Brei servieren.

TIP: Da ich den Ingwer gerne spüre, reibe ich ihn nicht, sondern schneide ihn in kleine Stücke.

Carob-Mandelcreme

100 g Dinkel	fein mahlen,
500 ml Wasser	aufkochen,
2 EL Carob	und das Dinkelmehl schnell und sorgfältig einrühren, damit es nicht klumpt, nochmals aufkochen und
3 – 4 EL Honig	sowie
Vanille	einrühren und einige Minuten ausquellen und abkühlen lassen.
75 g Mandeln	fein reiben,
150 g Sahne	steifschlagen und mit den Mandeln unterrühren. Bis zum Servieren kühlstellen.

Wenig Arbeit und einen tollen Geschmack bietet das folgende Rezept, was will man eigentlich mehr?

Finnisches Nußdessert

150 g Walnüsse	schälen und halbieren,
2 große Äpfel	vierteln, entkernen und klein würfeln, mit
1 EL Zitronensaft	beträufeln. Walnüsse und Äpfel mit
100 g entsteinten Kirschen,	
2 – 3 EL Apfelsaft und	
5 EL Lindenblütenhonig	übergießen und gut 10 – 15 Minuten ziehen lassen.
250 ml Sahne	mit
Bourbonvanille	steifschlagen und mit dem Nuß-Obst-Salat mischen. Mit einigen Kirschen und Walnußhälften garnieren.

Erdbeeren sind als Dessert immer beliebt, ob mit Sahne oder Eis. Doch kennen Sie auch die etwas herbere Version mit Frischkäse? Nein? Nun, dem sollten Sie bei der nächsten Erdbeersaison abhelfen. Ich sage bewußt Erdbeersaison, denn Erdbeeren schmecken am besten im Juni und nicht zu Weihnachten.

Erdbeeren mit Frischkäse

175 g Frischkäse	mit
2 – 3 EL Sahne	verrühren.
200 g Erdbeeren	waschen, vierteln und unter die Creme mischen. Mit
1 EL gehackten Mandeln	bestreuen und mit
Pumpernickel	servieren.

TIP: Wenn Sie etwas mehr Zeit haben, halbieren Sie die Erdbeeren, geben die Käsecreme in einen Spritzbeutel mit großer Sterntülle und spritzen Sie auf die Hälfte eine Garnierung. Dies eignet sich dann besonders für ein Buffet.

TIP: Lieben Sie es etwas süßer, beträufeln Sie die Erdbeeren mit Akazienhonig oder mischen 1 – 2 TL Honig in die Frischkäsemasse.

Herbst und Winter ist die Zeit der Äpfel, ganz besonders der warmen Apfeldesserts wie z. B. Bratäpfel. Auch beim folgenden schwedischen Gericht werden die Äpfel warm gegessen

Äpfel schwedisch

75 g Mandeln	stifteln,
20 g Dinkel	fein mahlen und mit
200 g Sahne	glattrühren. Unter Rühren langsam erhitzen.
30 g Butter, 1 Prise Salz, 50 g Honig, Vanille	und die Mandelstifte zugeben. Kurz aufkochen. Eine Auflaufform mit
Butter	einfetten.
4 säuerliche Äpfel	schälen, halbieren, Kerngehäuse herausschneiden und mit der Schnittfläche nach unten in die Auflaufform geben. Sahnesauce über die Äpfel geben und im Ofen bei 220° C gut 15 Minuten backen.

TIP: Versuchen Sie doch einmal noch eine etwas intensivere Variante und verwenden Sie statt Dinkel Grünkern oder Roggen.

Manche Gerichte sind so einfach und bekannt, daß ich denke, daß ich sie nicht extra in meinem Buch aufführen muß. So z. B. ein Rezept für Obstsalat. Allerdings bin ich fast sicher, daß Sie die türkische Variante noch nicht probiert haben, oder doch?

Obstsalat türkisch

3 Clementinen oder kernlose Mandarinen	schälen und klein würfeln,
3 – 4 frische Feigen	kleinschneiden, ebenso
6 Datteln.	
50 g Rosinen	dazugeben und den Saft von
1 Zitrone	und
2 Orangen	darübergießen.
3 – 4 Äpfel	vierteln, entkernen, in Scheiben schneiden und sofort untermischen. Den Salat mit
30 g geschälten Pistazien	bestreuen und einige Minuten kühl stellen.
125 ml Sahne	steifschlagen und den Salat vor dem Servieren mit Sahnetupfern garnieren.

TIP: Statt frischer Feigen können Sie auch getrocknete nehmen, dann allerdings zwei oder drei mehr.

TIP: Für die tierisch eiweißfreie Variante können Sie zum Garnieren Schlagtofu verwenden: 50g Tofu mit 2 – 3 EL Orangensaft im Mixer aufschlagen.

Orangenscheiben gebacken

80 g Vollkornzwieback	mit einem Rollholz zerdrücken.
2 – 3 Orangen	schälen, das Weiße sorgfältig entfernen und die Orangen in 1 cm dicke Scheiben schneiden. Kerne entfernen. Die Zwiebackbrösel auf einen Teller geben und die Orangenscheiben darin wälzen.
40 – 50 g Butter	in einer Pfanne erhitzen und die Orangenscheiben auf beiden Seiten in je 2 Minuten goldbraun backen. Mit
Zimt und Vanille	bestreut servieren.

Dazu paßt Vanilleeis oder Vanillesauce.

TIP: Wer es gerne sehr süß mag, kann vor dem Servieren noch etwas flüssigen Honig auf die Scheiben tropfen lassen.

Falls Sie das Rezept für Vanillesauce ohne Eier nicht bei der Hand haben, hier ist es:

Vanillesauce

2 – 3 g Biobin	in
500 ml Milch	einrühren,
2 – 3 EL Honig	und
1 TL Bourbonvanille	zugeben und unter Rühren erhitzen, nach dem Kochen vom Herd nehmen und leicht abgekühlt servieren.

TIP: Statt dem Dickungsmittel Biobin (im Reformhaus erhältlich) können Sie auch Pfeilwurzelmehl verwenden oder 20 – 30 g Weizenvollkorngrieß.

Beim letzten süßen Rezept muß man ein bißchen vordenken, denn man muß die Früchte einige Stunden einweichen. Davon abgesehen ist es ein ganz schnelles Gericht.

Weihnachtscreme

Je 100 g getrocknete Aprikosen und Feigen	sowie
50 g Datteln	in
400 ml Gewürz- oder Yogitee	einige Stunden einweichen, dann möglichst ohne Einweichflüssigkeit pürieren. Mit
150 – 200 g Creme fraîche	gut verrühren. Dann
100 ml Sahne	steifschlagen und
50 g Mandeln	stifteln. Die Creme mit Sahne und Mandelstiften garnieren.

TIP: Wenn Ihnen Creme fraîche zu gehaltvoll ist, können Sie auch saure Sahne oder Joghurt nehmen. Wenn Sie es sehr süß lieben, können Sie auch noch mit Honig süßen.

TIP: Ein interessantes Heißgetränk erhalten Sie, wenn Sie die Früchte in einem Liter Tee einweichen, die restliche Einweichflüssigkeit erhitzen und diese an einem kalten Winterabend genießen.

Sie haben kein Brot daheim und brauchen etwas als Unterlage für Käse oder Aufstrich? Kein Problem! Backen Sie Fladen. Sie können diese auch auf Vorrat herstellen. Doch meist werden Sie noch schneller gegessen, als man denkt, und dann ist bei Bedarf doch kein Vorrat da. Dies mußte ich manchmal nach einem Besuch von Ingrid in der Küche meines Restaurants feststellen, denn sie schmecken auch ganz ohne was dazu.

Roggenfladen

150 g Roggen	fein mahlen, mit
Kräutersalz, Fenchel, Koriander	würzen.
3 – 4 EL Öl, 6 – 8 EL Wasser	zugeben und mit
1 EL Leinsamen	zu einem glatten Teig verrühren. Wie jeden Vollkornteig einige Minuten ruhen lassen, auf einem gefetteten Weißblech hauchdünn auswellen, bei 225° C ca. 12 – 15 Minuten backen, etwas abkühlen lassen und vom Blech nehmen.

TIP: Sie können natürlich auch Weizen, Dinkel oder eine Mischung verwenden. Statt Leinsamen eignen sich auch Sesam oder gemahlene Nüsse.

Vielleicht fragen Sie sich, warum ich im letzten Rezept die Verwendung eines Weißbleches betone, obwohl ich mich sonst in diesem Buch zu der Sorte des Bleches oder einer Pfanne nicht äußere. Ganz einfach, aus Erfahrung.
Als ich meine »Salatschüssel« noch ganz neu betrieben habe, wollte ich diese doch ganz einfachen Fladen backen. Gesagt, getan, sie sahen wundervoll aus wie immer, doch mindestens 70 % der Fladen zerbrachen in viele Einzelteile, als ich sie vom Blech abheben wollte, und da die Fladen mit Banane und Käse überbacken auf der Speisekarte standen, war ich gezwungen, noch einmal welche zu backen. Meine Mitarbeiterin vermutete, daß ich zu wenig eingefettet habe, und fettete das Blech sehr großzügig ein. Das Resultat blieb dasselbe, doch immerhin bekamen wir aus den zwei Chargen so viele unbeschädigte Fladen heraus, daß wir die Bestellungen für diesen Tag befriedigen konnten.

Weitere Versuche an den folgenden Tagen schlugen ebenso fehl, und dann wollte Ingrid bei einer Einladung, die wir privat zu Hause gaben, ausgerechnet Fladen. Ich war überhaupt nicht dafür, letztlich gab ich nach (»auf deine Verantwortung«), und die Fladen lösten sich ganz leicht vom Blech. Ich hatte alles gleich gemacht, bis auf die Verwendung der Bleche, denn am andern Tag stellte ich in meiner Restaurantküche fest, daß ich hier nur Schwarzbleche zur Verfügung hatte und zu Hause nur Weißblech. Seither achte ich bei Fladen auf die Farbe des Bleches.

Und gleich noch eine amerikanische Variante, diesmal mit Mais. Mein erster Versuch hat wirklich sehr gut geschmeckt, aber die Fladen waren so mürbe daß sie schon beim Hinschauen zerbröselt sind und man sie am besten mit dem Löffel gegessen hätte. Doch nach folgendem Rezept schmecken sie nicht nur ausgezeichnet, sie sind auch genügend fest, um sie z. B. mit einem Aufstrich bestreichen zu können.

Maisfladen

30 g Weizen	fein mahlen, mit
100 g Maismehl	und
½ TL Weinsteinbackpulver	mischen, dann
30 g Butter	und nach und nach
2 – 3 EL Sahne	sowie
4 – 5 EL kaltes Wasser	zugeben und alles gründlich verkneten. Mit
Kräutersalz, Pfeffer, edelsüßem Paprika	würzen und den Teig gut 15 Minuten in der Kälte ruhen lassen. Teig nochmals kurz kneten, walnußgroße Stücke abnehmen und auf einem gefetteten Blech dünn ausrollen. Im Backofen bei 200° C ca. 12 – 15 Minuten backen. Vorsichtig vom Blech lösen und erkalten lassen.

Vor einigen Wochen denke ich an nichts Böses, als meine Frau mit einer Bekannten telefoniert. Stutzig werde ich erst, als ich sie sagen höre: »Bis bald, wir freuen uns auf Ihren Besuch.« Dann erzählt mir Ingrid, daß sich die Bekannte nur noch richtet und dann die 20 km zu uns fährt, und schließt mit der Bitte: »Back doch mal schnell etwas, denn außer Brot haben wir nichts im Hause.«
Was tun? Kuchen kaufen, geht nicht, Obst, das für Kuchen geeignet ist, ist in ausreichender Menge nur in der Tiefkühltruhe vorhanden. Da greife ich zum Rettungsanker, nämlich dem Rezept für Windbeutel.

Windbeutel

250 ml Wasser	mit
70 g Butter	erhitzen.
150 g Dinkel (oder Weizen)	fein mahlen, das gesamte Mehl in die kochende Flüssigkeit geben, sofort verrühren, wenn sich am Topfboden eine leichte Schicht bildet, vom Herd nehmen, einige Minuten beiseite stellen und abkühlen lassen. Dann nacheinander 3 – 4 Eier in den Dinkelbrei geben und gut verrühren. Erst wenn von einem Ei nichts mehr in der Masse zu erkennen ist, das nächste zugeben. Der Teig sollte zähfließend vom Löffel fallen. Zuletzt 1 TL Backpulver unterrühren. Ofen auf 250° C vorheizen. Mit einem Teelöffel kleine Häufchen auf ein gut gefettetes Blech geben. In den Backofen geben, auf

225° C herunterschalten und nach 15 Minuten auf 175° C. Gut 25 Minuten backen, dann herausnehmen. Sofort aufschneiden und etwas auskühlen lassen. Süße, z. B. Birnensahne (siehe unten), oder pikante Creme auf den Windbeutelboden geben mit dem Deckel abdecken und sofort servieren.

TIP: Bitte Windbeutel nur in den vorgeheizten Ofen geben. Energiesparen ist zwar fast immer richtig, doch hier würden Sie an der falschen Stelle sparen. Den Backofen während des Backens auf keinen Fall öffnen, sonst fallen die Windbeutel in sich zusammen.

TIP: Wenn der Teig etwas zu weich ist, also zuviel Ei enthält, verläuft der Teig beim Backen, und Sie erhalten ein ziemlich flaches Gebäck. Nicht ärgern, es schmeckt genauso gut und Sie können unter Umständen noch mehr von Ihrer guten Creme daraufgeben.

PS: Das hatten Sie doch von vorneherein so geplant, oder etwa nicht?

Birnensahne

150 g Sahne	mit
1 – 2 EL Honig,	
Vanille, Zimt	sehr steif schlagen.
30 g Walnüsse	fein reiben,
1 – 2 Birnen	grob reiben und mit den Nüssen vorsichtig mit der Sahne mischen.

TIP: Sie können auch Äpfel nehmen oder nur Nüsse, auch püriertes Obst wie Bananen oder Himbeeren sind geeignet.

Fast hätte ich ein Brötchenrezept vergessen. Genießen Sie frische Brötchen auch so gerne wie ich? Ja, aber das Zubereiten dauert Ihnen zu lange? Nicht mit folgenden Rezept, mit dem ich dieses Kapitel schließen möchte.

Schnelle Quarkbrötchen

500 g Weizen	fein mahlen, mit
2 TL Backpulver, 2 TL Salz, 1 TL Honig, 500 g Quark, 2 Eiern	gut vermischen und kurz kneten. Brötchen formen, auf ein gefettetes Backblech legen und im vorgeheizten Ofen bei 180° C 20 – 30 Minuten backen. Warm servieren.

Aufstriche

Gerade in der Vollwertküche sind Aufstriche besonders interessant und auch leicht herzustellen. Die pikanten bieten mehr als nur einen gesunden Ersatz für Wurst oder zuviel Käse. Sie sind einfach köstlich, obwohl ich selbst die süßen vielleicht doch noch vorziehe. Beginnen wir also mit süßen Aufstrichen.

Johannisbeeraufstrich

50 g Sonnenblumenkerne	mit
30 g Buchweizen, 30 g Honig, 30 g weicher oder flüssiger Butter oder Margarine	und
50 g Johannisbeeren	in den Mixer geben und pürieren. Mit
Ingwer, Zimt	würzen. In ein Glas mit Schraubverschluß geben und kühl aufbewahren. Innerhalb weniger Tage verzehren, falls es überhaupt so lange dauert.

Statt frischer Früchte eignen sich besonders auch Trockenfrüchte für Aufstriche, z. B. Feigen.

Feigen-Walnuß-Aufstrich

50 g Walnüsse	fein mahlen, mit
100 g getrockneten Feigen,	
30 g Rosinen	und
ca. 150 ml weißem Traubensaft	pürieren und zu einer streichfähigen Creme verarbeiten. Dabei den Saft nach und nach zugeben, damit der Aufstrich nicht zu flüssig wird, falls z. B. die Feigen noch etwas weich und saftig sind. Mit
Ingwer, Zimt, Piment	würzen.

TIP: Es sind auch andere Kombinationen möglich und je nach individuellem Geschmack sogar besser und vielleicht auch preiswerter, z. B. wenn man selbstgetrocknete Zwetschgen, Mandeln und Orangensaft verwendet.

Beim folgenden Aufstrich haben Ingrid und ich wieder einmal einen unterschiedlichen Geschmack. Sie mag es, wenn die Nüsse ganz, ganz fein gemahlen sind, und sie benötigt auch kein Brot – sie ißt den Aufstrich am liebsten mit dem Löffel direkt aus dem Glas. Ich dagegen spüre gerne noch kleine Nußstückchen und streiche die Creme aufs Brot.

Nußaufstrich

100 g Nüsse	fein mahlen,
60 – 80 g Butter oder Margarine	erhitzen, mit
50 g Honig	verrühren, Nüsse und
1 – 2 EL Carob	einrühren. Mit
Zimt, Vanille	würzen. In ein Glas mit Schraubverschluß geben und erkalten lassen.

TIP: Statt Carob können Sie auch Kakao nehmen. Allerdings wird der Aufstrich dann meist etwas herb oder leicht bitter.

Hafer-Carob-Aufstrich

100 g Hafer	mittelfein mahlen, in einer Pfanne ohne Fett leicht erhitzen, bis der Hafer anfängt zu duften, von der Platte nehmen, mit
2 EL Carob, Vanille, Zimt, Nelken	würzen.
100 ml Wasser	mit
80 g Honig	und
100 g Butter oder Margarine	erhitzen, mit dem Hafer gründlich verrühren, im Kühlschrank aufbewahren.

Nun zu den pikanten Brotaufstrichen. Aus der fast unerschöpflichen Vielfalt hier nur einige wenige Anregungen, die Ihre eigene Kreativität fördern sollen und die zeigen, wie gut und abwechslungsreich die vegetarische Küche auch in diesem Bereich ist. Beginnen wir mit der Verwendung von Zwiebeln und Äpfeln.

Zwiebelaufstrich

2 große Zwiebeln	fein würfeln, in
4 EL ungehärtetem Kokosfett	kurz anbraten, dann
2 – 3 säuerliche Äpfel	grob raspeln und mit einigen
Wacholderbeeren	dazugeben. Mehrere Minuten mitbraten, dann
100 g Kokosfett	zugeben, ebenso
Kräutersalz, Piment, Sellerie, Pfeffer, Majoran, kleingeschnittenes Bohnenkraut.	Etwas abkühlen lassen, dann zwei Drittel der Masse pürieren und wieder dem Rest zufügen.
3 – 4 EL Leinöl	und
2 – 3 EL Hefeflocken	untermischen und kalt stellen. Der Aufstrich hält sich mehrere Tage im Kühlschrank.

TIP: Einfacher geht es, wenn Sie statt Kokosfett und Leinöl nur die entsprechende Menge Butter nehmen.

Natürlich können Sie für einen Gemüseaufstrich das Gemüse separat zubereiten, ich mache es meist anders. Vielleicht kommt hier der sparsame Schwabe zum Vorschein, doch ich spare Zeit und Energie und verwende Reste der gekochten Mahlzeiten bzw. nehme von vornherein etwas mehr Gemüse.

Gemüseaufstrich

100 g gekochtes Gemüse	am besten noch warm und möglichst ohne Flüssigkeit mit
50 – 70 g Butter oder Margarine	pürieren. Mit
Gewürzen nach Wahl, z. B. Majoran, Oregano, Paprika, Kurkuma, Kräutersalz oder körniger Gemüsebrühe	würzen, in verschließbare Gläser umfüllen und kaltstellen. Der Aufstrich hält sich im Kühlschrank einige Tage.

TIP: Ist das Gemüse schon kalt, sollten Sie die Butter etwas erhitzen.

TIP: Im warmen Zustand schmeckt der Aufstrich meist nicht ganz so intensiv wie kalt, daher braucht man zum Abschmecken ein bißchen Übung.

Mit dem folgenden Aufstrich werden Sie bei allen ihren Gästen Ehre einlegen. Wenn Sie es nicht glauben, probieren Sie es aus.

Linsenpaste

100 g Linsen	am Abend vorher einweichen und kurz aufkochen und ausquellen lassen.
3 cm Möhren	und
2 cm Lauch	in Ringe schneiden, mit
Gemüsebrühe	und
1 Lorbeerblatt	mit den Linsen garkochen und mit
reichlich Majoran, Oregano, Kräutersalz, Pfeffer	würzen. Zuletzt noch eine
Spur Zimt	zufügen. Die Linsen mit
50 – 80 g Butter oder Margarine	pürieren und gegebenenfalls nachwürzen.

TIP: Wenn es schneller gehen soll, nehmen Sie einfach rote Linsen und geben Sie noch etwas Kurkuma dazu.

Als nächstes noch ein Getreideaufstrich mit herrlicher gelber Farbe.

Hirse-Aufstrich

1 kleine Zwiebel	in
2 EL Butter oder Margarine	goldgelb anbraten, Herdplatte ausschalten und
30 g Butter oder Margarine	mit zergehen lassen.
100 g gekochte Hirse	mit der Butter pürieren, mit
Kräutersalz, Pfeffer, Paprika, gekörnter Gemüsebrühe	und
reichlich Kurkuma	würzen.

TIP: Wenn Sie vom Hirsegröstel mit Paprikatartar (siehe Seite 86) noch etwas übrig haben, geben Sie mengenmäßig die Hälfte flüssige Butter dazu und pürieren Sie das ganze. Eventuell noch nachwürzen.

Der folgende Aufstrich soll gut schmecken, so sagen wenigstens Ingrid und die Gäste, denen ich diese Paste serviert habe. Ich selbst muß mich der Stimme enthalten, denn es gibt nur weniges, was mir nicht schmeckt, aber dazu gehören Oliven.

Olivenpaste

20 g Sesam	und
50 g Sonnenblumenkerne	in der Pfanne ohne Fett rösten, bis sie zu duften anfangen. Dann mit
80 – 100 g schwarzen Oliven,	
1 Knoblauchzehe	und
1 – 2 EL Erdnußöl	pürieren. Falls die Masse zu trocken ist und sich schlecht pürieren läßt, vorsichtig
1 – 2 EL Gemüsebrühe	zufügen.
	Mit
Kräutersalz, Pfeffer	würzen und mit Petersilie garniert servieren. Im Kühlschrank hält sich die Paste im verschlossenen Glas einige Tage.

Über den Autor

Der Dipl.-Ing. und Betriebswirt (VWA) Herbert Walker, Jahrgang 1946, entschloß sich Mitte der 80er Jahre aus ethischen Gründen zur vegetarischen Lebensweise und fand dadurch den Weg zur Vollwertkost. Nach zwölfjähriger erfolgreicher Tätigkeit im Baugewerbe absolvierte er bei Dr. Bruker seine Ausbildung zum Gesundheitsberater (GGB). Er vertiefte sein Wissen über Baubiologie und war freier Mitarbeiter bei einer Zeitschrift für Baubiologie. Er betrieb von 1988 bis 1992 das vegetarische Vollwertrestaurant »Salatschüssel« und begann in dieser Zeit mit dem Schreiben. In der Zwischenzeit hat er fünf Koch- und Backbücher sowie das Wanderbuch »Deutschland zu Fuß« geschrieben und auch an Büchern über Arbeits- und Gesundheitsschutz, Umweltschutz und schlüsselfertiges Bauen maßgeblich mitgewirkt.
Zwischenzeitlich ist er wieder in seinem erlernten Beruf als Berater für Bauunternehmen tätig. Soweit es seine Zeit zuläßt gibt er weiterhin Kochkurse und informiert in Vorträgen über Vollwerternährung. Gemeinsam mit seiner Frau möchte er mit Diavorträgen über das Wandern auch andere zur aktiven Freizeitgestaltung in der Natur animieren.

Literaturhinweise

Unsere Nahrung – unser Schicksal
Dr. med. M.O. Bruker
EMU-Verlag, Lahnstein

Allergien müssen nicht sein
Dr. med. M.O. Bruker
EMU-Verlag, Lahnstein

Vollwert-Ernährung
Grundlagen einer vernünftigen Ernährungsweise
von Koerber/Männle/Leitzmann
Haug-Verlag Heidelberg

Studien mit Vegetariern
Eine Zusammenstellung der Studien der Universität Gießen, des Krebsforschungszentrums Heidelberg und des Bundesgesundheitsamtes Berlin. Herausgeber: Vegetarierbund Deutschland e.V.
Echo-Verlag, Göttingen

Vollwertig kochen mit Pfiff – ohne tierisches Eiweiß
Herbert Walker
pala-verlag, Darmstadt

Vollwertig backen mit Pfiff – ohne tierisches Eiweiß
Herbert Walker
pala-verlag, Darmstadt

Vollwertige Weihnachtsbäckerei mit Pfiff
Herbert Walker
pala-verlag, Darmstadt

Vollwertige Süßspeisen mit Pfiff
Herbert Walker
pala-verlag, Darmstadt

Rezeptindex

Rezepte mit einem * sind tierisch eiweißfrei; im Buch sind diese Rezepte mit zwei Ähren gekennzeichnet.
Ist ein Rezept mit (*) markiert, bedeutet dies, daß z. B. durch Ersatz von Butter durch Öl oder Reformmargarine, durch eifreie Teigwaren o. ä. das Gericht ohne weiteres tierisch eiweißfrei zubereitet werden kann; im Buch wird dies durch eine Ähre angezeigt.

Andere Bücher von Herbert Walker

Ärzte und Heilpraktiker raten häufig, auf tierisches Eiweiß zu verzichten – besonders bei Allergien und Stoffwechselkrankheiten. Daß eine solche Ernährung nicht fade und langweilig sein muß, beweist Herbert Walker mit einfallsreichen Rezeptideen.

Herbert Walker:
Vollwertig kochen mit Pfiff – ohne tierisches Eiweiß
Paperback, 160 Seiten
ISBN: 3-923176-74-0

Auch Backwaren lassen sich ohne Milch und Eier herstellen! Herbert Walker zeigt mit Rezepten für Brot, Brötchen, süße und pikante Kuchen, Torten und Gebäck, daß man auch bei tierisch eiweißfreier Ernährung nicht auf Gaumenfreuden verzichten muß!

Herbert Walker:
Vollwertig backen mit Pfiff – ohne tierisches Eiweiß
Paperback, 128 Seiten
ISBN: 3-923176-79-1